U0566661

释疑：
走出中美困局

ADDRESSING

CHINA-U.S. STRATEGIC **DISTRUST**

王缉思／主编

社会科学文献出版社
SOCIAL SCIENCES ACADEMIC PRESS (CHINA)

目　录

主题报告

专题讨论

相关链接

内容提要

　　本报告中提到的"战略互疑",是指双方在长远意图方面的互不信任。这一问题已经成为中美关系的核心关切。2012 年 2 月 15 日,中国国家副主席习近平在华盛顿发表的主要政策演说中指出,战略互信问题在中美关系的主要问题中占据首要地位。

　　北京和华盛顿均寻求建立一种长远的建设性伙伴关系。此外,中美关系是成熟的。双方能够了解彼此在所有重大问题上的立场,并进行广泛的交流。最高级别的领导人会晤相对频繁,每年两国政府机构会举行 60 多场政府间对话。但以往的交流经验和广泛的交流活动,却未能使任何一方建立对对方长远目标的信任;甚至可以说,缺乏互信的问题正日趋严重。不信任本身即具有缓慢的破坏性,而在此基础上形成的态度和采取的行动,反过来又会加剧不信任。由于缺乏信任,双方领导人很难确定是否已经了解对方对未来中美关系的深层次思考。

　　本报告的两位作者阐明了两国领导层对另一方深刻的关切是什么,并揭示了产生这些关切的原因何在。两位作者各自叙述了本国政府的观点，并且没有对对方的文字做任何修改。两位作者共同撰写后续的分析和建议。本报告的重点不在于说明双方在日常事务的各种问题上进行合作的意愿，而是在于集中分析一方对另一方的长远意图产生疑虑的因素。

叙述战略互疑的目的是，希望两个国家的领导层能够更好地揣度对方的想法，并据此确定更为有效的途径来建立战略互信。作者希望本报告能够有助于提高在中美之间建立一种长期正常大国关系的可能性，而不是因战略互疑形成敌对的关系。

理解战略互疑：美方观点

对中国的战略不信任，并不是美国政府决策者当前的主流观点。相反，他们相信与崛起的中国建立一种基本的建设性长期关系，既是可行的，也是可取的。但美国的决策者也认为，中国的未来具有不确定性，并据此产生担心，引发辩论，探讨究竟采用什么样的方法才能最有效地促使中国行为更加符合他们的愿望。美国领导人关切的基本问题如下。

各种消息来源表明，中国方面认为，中美关系是长期的零和博弈。这就要求美国准备捍卫自己的利益，防备随着中国的日益强大，它可能会做出试图削弱美国的举动。中国人民解放军希望控制邻近海域（"近海"）的强烈愿望，可能对美国自由出入公海并在其中自由行动提出挑战。而这种自由，对美国实现对其朋友和盟国的承诺来说是至关重要的。在此背景下，随着中国在亚洲实力的不断增强，对美国而言，如约继续履行其对该地区内朋友和盟国的承诺变得更为重要了。

从经济上看，美国担心，中国的重商主义政策将有损美国经济复苏的机会。源自中国的网络黑客窃取了美国商业秘密和技术，进一步加剧了这些关切。

中国的一党执政制度也从不同角度引发了不信任。美国人认为，民主的政治制度之间理所当然可以更好地相互理解，而集权的政治制度本质上不太稳定，更容易把其国内的不满归咎于他国。集权制度本质上不够透明，这使其他人更难以判断他们是否具有诚意，以及其真实的意图是什么。美国人认为，中国存在侵犯人权（尤其是侵犯公民权利）的行为，这使美国更难采取行动设法建立更深层的互信。

尽管美国欢迎一个更加富裕、更多参与全球事务的中国，但是它不再认为中国是一个在全球规则方面应给予特殊待遇的发展中国家。同时，华盛顿希望，北京能够担负起主要大国应该承担的提供国际公共产品的一些责任；当北京拒绝依此行事时，它就感到担忧。

美国认为，对于未来美国的利益来说，亚洲是世界上最重要的地区。因此，美国领导人对那些表明中国可能对该地区行使更多霸权的做法特别敏感。华盛顿在中国 2010～2012 年的行动中看到了类似迹象。

在经济和贸易方面，美国对中国实施的可能直接损害美国经济成本的政策尤为敏感。其中，包括盗窃知识产权，把人民币价格控制在低于市场水平，对市场准入的严格限制，以及中国在 2010～2011 年对稀土金属出口的限制（此举看起来有获取敏感的外国技术的战略意图，尤其是在清洁能源方面）。

最近的事态发展，增加了美国相关机构对中方的猜疑。美国军方认为，解放军看来在优先发展特别针对美国作战平台的武器系统，担心中国军方在军事计划和理论方面缺乏透明度。来自中国境内的对美国政府、军事和私营部门进行的网络攻击，范围广泛，且持续不断。这让主管网络安全的美国官员颇为震惊，并对中国的行为规范和目的提出了严重关切。美国情报官员看到，越来越多的迹象表明，北京在思考与美国有关的问题上，更多的是从零和角度出发，而中国在美的间谍活动不断增加。

理解战略互疑：中方观点

自冷战结束以来，在中美关系中，中国领导人一直表现出实现"增加信任，减少麻烦，发展合作，不搞对抗"的愿望。北京意识到，中美合作必须基于战略互信。与此同时，在北京看来，正是美国的政策、态度和误解导致了两国之间缺乏相互信任的状况。

中国对美国的战略疑虑深深植根于历史。反映近年来国际体系中结构性变化的四种中方观点，则导致了这种疑虑的加深：中国地位上升，自 2008 年以来已经跻身世界一流大国之列；尽管美国目前仍具有雄厚的实力，但是正在走下坡路；印度、巴西、俄罗斯和南非等新兴国家正在越来越多地挑战西方主导地位，并且也在加强彼此之间以及与中国的合作；中国的发展模式——建立强有力的政治领导，对社会和经济事务进行有效管理——为发展中国家提供了除西方民主及其市场经济模式之外的另一种可供借鉴的选择。所有这些看法结合在一起，让中国的许多政治精英认为，是美国站在了"历史错误的一边"。他们相信，鉴于此，美国的最终目标是维持其全球霸权，并由此得出结论：美国将企图牵制甚至阻碍中国的崛起。

美国促进民主的话题，被中国理解为是图谋破坏共产党的领导。因此，领导层努力抵制美国意识形态、美国关于民主人权的观念及相关问题的影响。针对中国人眼中美国分裂和削弱中国的图谋，中国正在建设日益强大而精巧的政治和技术手段，以维护国内稳定。

尽管海峡两岸关系有了大幅改善，但是美国仍然向台湾出售武器，并在中国沿海进行抵近侦察活动。这加深了北京对美国在国家安全领域的战略意图的不信任。华盛顿最近对亚洲政策的"再平衡"调整，进一步强化了这种威胁感。美国对朝鲜、伊朗和东南亚国家的外交立场使中国感到不安，加深了中国对美国意图的怀疑。

另外，中国认为，美国利用美元作为储备货币的优势，采取各种保护主义措施，对中国经济造成不利的影响。

中国对美国在朝鲜半岛、伊朗、叙利亚和其他地方的国际政策和行动进行的批评和抵制，反映出中国的疑虑。即这些政策和行动，是建立在不公正的、狭隘的美国自身利益基础之上的，并将直接或间接地影响中国的利益。

分析

从以上陈述可以看出，中美之间不断增长的战略互疑，有三个主要来源：不同的政治传统、价值体系和文化；对彼此的决策过程以及政府和其他实体之间关系的理解和认识不够；对中美之间实力差距日益缩小的认识。第一个来源强调的是中美之间结构性和深层次的因素，这些因素不大可能发生重大变化。更为实际的做法是，华盛顿和北京应该解析和处理产生战略互疑的第二个和第三个来源，通过改善彼此对对方国家国内形势的认识，更加有效地开展双边以及与其他国家的国际合作。要提醒读者注意的是，战略互疑在北京的感受程度要比华盛顿更深，这可能是出于中国对"百年屈辱史"的记忆，以及对同美国相比中国在实力地位上处于弱势的认知。

建立战略互信的建议

以下建议旨在举例说明可能用哪些类型的新举措来应对战略互疑问题。不必把它们理解为具体的行动计划，因为连本报告的两位作者也不是对每一个细节都达成了一致意见。提出这些建议的目的，是希望能够抛砖引玉，激发双方提出一些创造性想法。

经济和贸易方面：创造条件鼓励中国对美国实物资产进行投资；在 2012 年美国大选之前，完成目前美国对华技术出口限制的评估；中方可以对美国主要官员和分析家增加关于中国政治体系具体运作方式的透明度，使他们能够形成对中国更切合实际的预期。美国和中国也应该尽快完成双边投资条约的谈判。

军事方面：开展长期的深层次对话，讨论双方应该如何进行军事部署和正常活动，才能既允许中国捍卫其核心安全利益，同时又允许美国充分履行其对该地区的盟国和朋友应尽的义务。这种对话由两国最高层领导主持，两国军方积极参与，可能会产生如下相关结果：达成相互限制部署新型破坏性手段的协议；更好地认识朝鲜半岛形势长期发展的可能性；改善双方对台海周边整体安全局势的相互理解；就减轻中国领海之外的海上紧张形势的方式达成某些一致意见；探讨可能的步骤，以减轻目前困扰中美在核现代化和太空活动方面的安全困境。

网络领域：讨论可能采取的规范、规则和可以接受的做法，以便更深刻地理解各自政府是如何组织处理该领域内问题的，同时采用共同的词汇和原则。

多边对话方面：推动举行两个三边（中美日和中美印"小多边"）对话，来处理三边架构中各个国家相互关心的问题。这种三边对话或许能够减少出现战略区隔的可能性，即把美国放在一边，把中国放在另外一边，该地区的其他国家不得不在两者之间做出选择。

基本结论

上述建议反映作者的一个信念，即通过有意义的方式应对战略互疑是非常困难的，但并非是不可能的。因此，他们试图提出各种具体措施的建议，以期削弱双方对彼此长远意图存在深刻不信任的基础，并增进相互理解，加强合作。

这种应对的责任风险特别高。中国和美国在未来几十年中将仍然是世界上最具影响力的两个国家。两国关系的性质对两国公民、亚太地区乃至整个世界都将具有深远的影响。战略互疑如果按照目前的速度快速发展下去，势必会让所有相关各方付出沉重的代价。

言辞是很重要的。因此，我们提出的许多建议集中在开展新的对话上。如果这样的对话和相关行动被证明是无效的，那么双方领导人应该非常仔细地考虑，在双方都对对方国家的长期意图怀有深刻不信任的情况下，应如何管理中美关系，实现合作最大化，并尽量减少紧张和冲突。

致谢：我们感谢为本报告提供重要反馈意见的美方审稿人，他们的宝贵意见提高了本报告的质量，还要感谢那些不辞辛劳为本项目贡献智慧、花费时间的人们。同时，北京大学国际战略研究中心以及约翰·桑顿慷慨支持下的约翰·桑顿中国中心，为本书的出版提供了支持，特此衷心感谢！最后，特别感谢洛克菲勒基金会对此项目的支持，为研究者（李侃如）慷慨地提供了在意大利北部的贝拉吉欧中心的住宿资助。

原文为英文，由美国布鲁金斯学会 2012 年 3 月正式出版。本报告的中文本由刘春梅翻译，王缉思审校，北京大学国际战略研究中心 2012 年 3 月印发。

主 题 报 告

导　言

中美关系涵盖内容广泛、深刻，且相对比较成熟。中美两国领导人曾经反复强调，发展两国合作关系对未来具有重要意义。两国都很务实，清楚哪些问题可能带来分歧；并充分认识到，避免使这些具体的分歧阻碍双方在重要问题上展开合作的重要性，而进行合作对双方来说都是大有裨益的。此外，两国领导人以及高层官员具有丰富的经验，深谙与对方的交际之道，在很多情况下，对对方的言行了如指掌。①

上述文字描述的是中美关系积极的一面，预示未来两国关系会有良好的发展。中美关系是最重要的双边关系，其未来走向对两国、各地区以及全世界都具有极其重要的意义。中美在诸如防止核武器扩散、气候变化等地区性和全球性问题上开展积极合作，或者至少协调动作，会使这些问题比较容易驾驭；如果中

---

① 截至 2012 年 1 月，胡锦涛总书记与巴拉克·奥巴马总统已经有过 10 次会面，并经常通电话。中美政府官员之间每年都会举行 60 多次正式对话。

美两国背道而驰，那么问题就会变得更加棘手，甚至无法处理。

尽管两国对以上内容表示默认，但是我们依然有足够的理由担心两国关系的未来走向。2012年初，美国开始从伊拉克撤军，同时按照日程表从阿富汗冲突中脱身，并且对亚太地区政策进行再平衡调整。这一转变反映了奥巴马总统的基本观点（他自称是美国的"第一位太平洋总统"），即对美国的未来而言，亚洲是世界上最重要的地区，因此美国维持并加强其在亚洲的领导地位至关重要。2011年11月，奥巴马政府公开承诺要投入必要的资源维持其在亚洲的领导地位，尽管美国国内财政出现的问题可能导致整体国防预算的大幅度削减，对其在海外承担的主要义务进行资助也可能在国内引发更大的争议。①

中国正在扩展其在亚太地区的影响。从2000年开始，实际上中国已经取代美国成为几乎每个亚洲国家以及澳大利亚的最大贸易伙伴国。大多数亚洲国家同时也直接投资于中国经济。总之，现在几乎每一个亚洲国家都在不断参与中国的经济增长，并将其融入实现本国未来繁荣发展的战略。尽管中国的经济和政治利益越来越多地与整个世界紧密联系，中国的地缘经济和地缘政治重心仍旧在亚洲，即中国领导人所说的中国"周边地区"。

除此之外，从20世纪90年代中期开始，随着中

---

① 李侃如：《美国重心转向亚洲》，FP. com，2011年12月21日。

国国防开支每年以两位数的速度增长，中国的军事实力也得到显著改善。其中最重要的改观是军事投送能力，特别是海军，同时在空军和导弹部队内也有提高。中国人民解放军要成为全球军事力量还需经过很多年的努力，但是其在亚太地区的军事力量在过去的15年里已经得到了显著扩张。

如此诸多转变引发了亚洲各国对美国和中国各自角色的质疑，一点儿也不令人惊讶。这些问题必然加大各国对中美两国的动机和意图产生疑虑的可能性。

在国内方面，在未来几年里，中美两国都面临对几十年来各自实行的特色发展模式的基础结构做出改变的需要。美国的主要问题是如何处理财政赤字，如果不在支出和岁入两方面采取严厉措施的话，财政赤字问题在未来10年内将会失控。而中国在"十二五"规划中清晰地提出了一种新的发展模式，因为在过去几十年的发展过程中，旧有模式①消耗的资源、环境、社会和国际成本都无比巨大。

因此，中美关系未来前景如何，必须要考虑到中美两国能够在何种程度上成功地推进目前面对的经济转型。现阶段，两国国内许多评论家和政治家都把本国经济中出现的缺陷归罪于对方的行动，并提出各种惩罚措施以示回应。所以，如果对两种发展模式的改革不能达到预期效果，两国关系更可能趋向恶化。而这种可能性又另外引发了对两国未来立场和实力发展状况的不确定性。

---

① 原有发展模式尤其注重大量出口、储备和投资。

在中美安全关系中，网络安全的重要性迅速凸显，这使两国关系变得更为复杂。近年来，经济活动、军事活动和社会活动都经历了巨大变革，在这些变革中，数字世界对三者来说变得越来越关键。数字世界本身具有跨国界的特点，同时数字世界的一些特性使很多在安全问题上可以建立互信的正常方式变得没有任何意义。在极短的时间内，网络活动加深了北京和华盛顿对彼此意图和实力的怀疑。很明显，两国需要花很多年时间才能建立起对一些理念、方法、实质性发展和原则的相互理解，进而减少这一新兴网络领域中出现的不确定性和疑虑。①

2012 年 2 月 15 日，中国国家副主席习近平在华盛顿发表了主要政策演说，把增强互信的必要性置于中美两国需要更加成功应对的一系列挑战之首。② 他优先考虑这一问题是正确的。

本报告的两位作者都有多年参与中美关系的深刻体验。我们感到，相互理解对于产生对两国都有利的结果至关重要。但是我们也很担心，在一个变化深远的时代，两国越来越不确定在双边关系中对方的真实理念及长期意图是什么。对方是否在寻求并期待发展一种正常的、务实的大国关系，实现两国在可能的领域开展合作，并在利益不同的领域尽量管控分歧？或者，对方是否认为，有必要协调行动，限制并削弱对

① 李侃如、彼得·W. 辛格（Peter W. Singer）：《网络安全与美中关系》，布鲁金斯学会，2012 年 2 月。

② 2012 年 2 月 15 日，习近平在美国友好团体欢迎午宴上的演讲。

手的实力和影响，才能取得本国的成功？对方的最高领导层是否愿意并且能够耗费足够的政治资本，来克服不利于建立更加合作的两国关系的国内障碍？

本报告把双边关系中对最终意图的不信任定义为"战略互疑"（strategic distrust）。这里，"战略"指的是从长远的角度对双边关系本质做出的预期；它与"军事"不是同义词。因此，"战略互疑"指的是一种观念，即认为对方国家实现其主要长期目标，是要以你本国的核心发展前景和利益为综合代价的。令人担心的是，截至2012年，战略互疑好像在两国均有增长。这种观念一旦发酵，就会使之成为自我实现的预言，导致中美关系呈现全面敌对状态。

本报告作者相信，如果两国领导层怀有信心，相信他们能够准确地理解对方国家领导层对导致不信任的那些问题的看法，那么两国便能够更好地各自控制战略互疑问题。但是，想要获得这种准确的理解，对双方来说都不那么容易。首先，在领导者个人之间，对中美关系的长期愿景如何，不会达成绝对的共识。其次，领导人是在不断变换的——中国的高层领导在2012年秋季和2013年春季进行了大幅度的人事调整，而美国亦在2012年11月举行了总统大选。尽管奥巴马获得连任，在其政府中占据重要岗位的一大批相关官员也会出现变动。最后，最高层领导人的真实想法，同他们为迎合眼下的需要必须说的话、做的事之间存在的反差，总是很难确定的。

尽管困难重重，本报告试图坦诚地阐释一方是如何理解另一方动机的，每一方的领导人据此而产生的对未来长期发展的关切，以及本报告的分析对未来努力减少中美关系战略互疑有何寓意。这样做，使本报告不会仅仅聚焦在中美两国两三位高级官员身上。相反，本报告希望能够描述各自国家上层领导中广泛接受的一些基本观点（而不是完全一致的观点），然后提出一些可能在将来有助于减少中美战略互疑的措施类型建议。

因此，本报告的主要目的是提高双方理解对方思维方式的能力。[①] 如果没有这种意识的话，想要制定出可以减少战略互疑，或者至少有效控制战略互疑并且符合双方利益的政策，则是难上加难。实际上，如果没有这种认知的话，双方很难预想对方会如何诠释自己的决策，甚至旨在促进双边关系的那些决策也可能引起对方的误解。

两位作者目前都不在政府部门任职。每位作者都尽所能把自己对本国形势的理解完整地在本报告中体现，希望能够对两国的相关领导人有所帮助。鉴于此，两位作者都没有试图影响或者修改对方在本报告两个核心部分中表达的观点，即"理解战略互疑：美方观点"（李侃如撰写）和"理解战略互疑：中方观点"（王缉思撰写）。其他章节均由两人合作撰写完成。

本报告主要描述国内各层次决策者对中美长期关

---

① 用美国习语来表述，这句话的意思是，为了能够更好地理解对方的真正动机和观点，两国的决策者能够"把自己套到对方的鞋里（put themselves in the shoes of the other side）"，中文可表述为"换位思考"。

系的基本观点，而非表达大众观点。文章有意特别聚焦于两国对中美关系前景各自所持有的疑虑是什么，以及这些疑虑存在的原因。深刻的疑虑与真诚、有意义的努力完全可以并行不悖。后者旨在共同构建富有建设性的中美关系，并在两国间搭建桥梁。但是如果这些疑虑没有得到有效应对，一段时间以后，将会促使两国关系走向相互敌对的状态。本报告作者著文的目的就是避免出现这种人们不愿看到的结果。

理解战略互疑：美方观点

对中国的战略不信任，并不是美国政府决策者当前的主流观点。相反，他们一致认为，北京和华盛顿有可能实施一些促成两国关系长期发展的政策，而这正是人们对这两个基本还算合作的大国的期待。到21世纪20年代，理想的中美两国关系应该包括：努力减少可能发生的冲突，转而进行合作或者至少在更广阔的范围内开展平行协作，提供地区性和全球性公共产品，比如海上安全、减少温室气体排放，以及最大化双边利益。这并不意味着两国之间没有摩擦——每个国家都有自己的利益，这些利益可能与其他国家的利益产生冲突，每个国家的文化、体制和近代历史都不尽相同，这意味着它们对很多问题的看法必然会出现分歧。但是，在这种情况下，双方都会在可能的领域中寻求双赢结果；如果无法实现，就尽量减少危害。

因此，美国目前的态度是，美国与崛起的中国建立一种基本的建设性长期关系，既是可行的，也是可取的。从这个角度来说，中国的崛起能促成很多积极的发展。但最重要的是，强大繁荣的中国自身要成长为一个负责任的大国，尊重国际法规和协议，要相信两国可以同时在亚洲的关键领域扮演重要角色，鼓励中美两国在主要国际问题上进行合作。目前，美国官方主流观点认为，中国在地区和全球范围内都起着重要作用，但是不会运用其不断强大的实力来专门削弱或损害美国的利益。

不过，美国政府决策者同时也认为，中国的未来发展具有非常大的不确定性。以上提到的美方态度，是建立在一系列相对比较乐观的假设基础上的。他们也意识到，在现实中，这些假设有可能会被证明是错误的。因此，美国政策的一个目的是，确保这一系列相对比较乐观的结果成为现实的可能性更大。但是，他们也很清楚，一旦事与愿违，他们也必须具备处理相应状况的能力。

因此，尽管现阶段美国的目标基本上是很积极的，但对中国可能出现的各种发展状况的担忧也是存在的。同时，还在进行辩论，争辩应该采取什么样的措施，才能最有效地促成中国按照他们所希望的方式行事。这些担忧目前尚不足以让美国的国家政策制定者得出结论，认为中美关系本质上成为零和博弈（即一方之所得就是另一方之所失）将是不可避免的。潜在的担忧及其产生的原因如下。

国际体系的结构变化

与形形色色的美国学者和权威专家不同，美国领导人不会从霸权转移的一些大理论、文明冲突理论，或其他有关全球政治的整体结构性解释的角度去思考问题。他们关注的是更具体的问题，即使在思考如何运用全球性准则和方法处理重大问题的时候也是如此。这种思维方法往往不重视某些结果必将出现的论调，而让机敏应对的外交和偶然性因素发挥更大的作用。但是，在这种背景下，中国的全球影响力和排名在最近几年快速提升；而美国却对经历严重的国内困境的事实本身产生了特殊的敏感性，并导致了不确定性。就美国领导人对北京的战略信任程度而言，这一敏感性和不确定性包含四个基本部分。

◆ 美国领导人看到了大量的证据，证明中国把自己看成了世界第二，并且假想作为世界老大的美国必然会试图阻止中国的崛起。这种态度在中国媒体上随处可见，在许多其他信息来源中也有清晰体现。这种观点让美国最高层既担心中国会试图取代美国的地位，又担心中国从根本上把中美关系看成一种零和博弈。从中国现在和将来都将继续持有这种观点的程度来看，有些官员提出，美国应该始终抱有如下假设才是审慎的，即中国把削弱美国视为自己利益之所在，美国应该从这个角度去诠释并对中国的行动做出反应。

◆ 中国军队正在不断增加军费，以增强其在西太平洋的战力投送能力，其目的可能是要在接下来的几十年里加强全球影响。最近，解放军拥有了反航母导弹、隐形战斗机和航空母舰。此举不可避免地威胁限制美军在西太平洋的灵活性，而该地区对美国的未来发展至关重要。目前，美国军方与解放军之间的互动太少，导致美方无法确信这些事态发展在将来不会危害美国的利益，不会不利于美国维护其地区联盟，以及保护在该地区更广阔的外交和商业利益。解放军方面发表的一些文章坚称，决心限制他国军队在临近海域（"近海"）的活动，更加增加了这种担忧。美国军事规划部门把解放军的这种决心以及获得特殊军事能力的做法，解释为最终目的是要拒绝美国军队进入中国领海之外的水域，以及不让美军获得在该海域自由航行的能力。但这种进入和行动自由，对美国及其盟友的安全来说是至关重要的。以上种种导致的结果，是美国方面制订应急计划并确定采购项目，以此来确保中国无法成功实施其反介入和区域拒止战略。该战略旨在一旦出现冲突，能将美国军队阻挡在远离中国边界的区域。

◆ 包括领导人在内的美国人，都对国际金融危机感到震惊。在试图让国家重新回到正常轨道的过程中，他们特别担心自己的政治体制出现运转失灵。在这种情况下，美国对其他国家可能企图利用美国目前的困难来减少美国复苏机会的意图会更加敏感。中国的许多活动，特别是经贸领域的活动，被视为至少部分是以此为初衷的。正如下文相关部分将要详述的，这种努力特别明显地表现在通过网络盗取美国知识产权、被视为旨在降低美国在主要产业领域竞争优势的重商主义政策，以及限制美国向不断扩大的中国国内市场出口产品的货币政策。

◆ 随着中国经济和军事能力的增强，亚洲所有国家都不可避免地会调整外交政策。中国的言行让亚洲其他国家对未来美国继续在本地区存在和发挥作用的信心逐渐减少，从而引发严重关切。

总之，中国在迅速崛起的同时，美国陷入了严重困境。这一事实使美国对中国的观点、行动及其公之于世的愿望变得非常敏感，进而以不同的方式导致了美国对中国的战略不信任。

政治和价值体系

美国领导人认为，民主国家天生就比专制体系更值得信任。这种印象部分源自一个分析性的结论，即专制体系自然会更加担心本国国内稳定，因而更愿意煽动民族主义情绪，以及制造国际危机，以确保国内稳定。由此，当中国出现了强烈民族主义的表达时，当国家层面出现对中国国内稳定表示担忧的迹象时，这些表达和迹象就变成了令人不安的标志，即中国存在迫于（或源自）国内压力而做出反美努力的可能性。当中国将国内出现的不满或者社会不稳定归咎于美国（中国的国内宣传经常这样做）的时候，尤其如此。

同时，专制的政治体制因为不够透明，而被认为天生就不那么值得信任。在外界看来，中国的体制尤其注意掩盖其核心政治过程，比如说，高层领导人的产生和文官政府同军队的关系。因此，美国领导人不理解中国海军在南海的行动或者隐形战斗机的首次试飞事件，是否与文官或者外交方面有过良好协调。比如，2011 年 1 月，美国国防部长盖茨到达北京，想要重建中美高层军事对话。在此之际，中国隐形战机试飞成功，很多美方人士认为，此举是对美国国防部长的直接侮辱。从更广阔一点的角度来说，在接班政治中，外界人士很难理解，什么样的声明和行动更多的是依据国内政治考量，而非国外政治因素制定出来的。缺乏透明度，使美国更加不确定中国对美的战略意图是什么。

由于对中国政治体制是如何真正运作的了解甚少，美国人容易认为，中国的决策是战略性的、经过协调的，而且是统一指挥的。因此，当各部门、单位和地区相对缺乏协调的行动带来了完全不同且彼此冲突的结果时，美国人经常认为，这是中国共产党中央政治局常委会旨在迷惑和欺骗美国决策者而使用的完美政策网络的组成部分。而没能兑现对美国的承诺（比如，保护知识产权或者关于政府采购的规定）倾向于被认为是不真诚的象征，虽然实际上很多时候这是由中央政府能力不足、政策无法在全国严格地推行造成的。总之，美国领导者对中国国内政治体制理解得不够，因此经常不能准确判断哪些结果反映的是中国国家领导人的战略决策，哪些反映的是政治体制本身的运作机制，是那些领导人无法控制的（有时甚至是有悖于他们愿望的）。当中国方面把国内能力所限作为其不能如期履行承诺的原因时，美国也倾向于质疑中国方面的解释，认为这些解释都是为自己辩解的、不诚恳的。

长期以来，美国不仅一直认为民主政治体制与生俱来便在国内更具合法性，因此生来便更加稳定；同时还认为，民主体制下的官员能够更好地理解美国政治的本质。因此，他们认为，民主体制中的官员不太可能对何为美国政治的核心、何为美国政治的杂音做出错误判断。所以，当美国边缘人物发表一些荒谬言论的时候，他们也不太可能把这种敌对的意图归咎于美国。这就使美国与其他民主国家之间不太可能出现敌意。

把美国人根深蒂固的价值观考虑在内的话，在中国和其他国家境内发生的被认为是违反人权（尤其是违反公民权利）的行为，使得美国政府在政治上很难采取行动与这些国家首先建立互信。美国人倾向于强烈怀疑那些践踏本国公民权利的国家。由于历史原因，中国是由共产党一党执政的国家这一事实本身，就让包括高层官员在内的许多美国人产生忧虑，因此更难建立完全的互信。这一因素比过去更为微妙，但仍然是信任方程式中的一个因素。

外　　交

如前所述，美国对中国崛起的根本态度是：一个更加富裕的、能够在国际舞台上发挥更大作用的中国是受欢迎的。其前提条件是，中国要寻求在地区和全球事务中扮演相对更具建设性的角色。再详细一点来说，美国领导人认为，中国在地区和全球经济中发挥着如此举足轻重的作用，以至于美国不可能特别限制中国的发展；而且无论如何，都不应该认为限制中国是可取的。实际上，从总体来说，他们觉得，一个更加富庶、在全球事务中参与更多的中国，对美国是大有裨益的。同时，美国总体上不再认为中国是一个发展中国家，尤其是考虑到中国的 GDP 总量和雄厚的外汇储备。所以，美国领导人希望，中国能够在诸如防止核武器扩散这样的事件上强化全球规范和机制，并且能够越来越多地承担大国应该承担的责任，为全球体系和地区体系提供各种公共产品。他们担心中国未来的表现，因为他们认为北京目前对于承担更广泛的责任做得太少。

出于各种原因，尽管中国不断地重复保证它不会寻求将美国排挤出亚洲，但是美国领导人仍然很担忧中国可能会试图控制该地区，并且这种控制是以牺牲美国在该地区的影响和利益为重大代价的。2010 年期间，中国在地区外交中的很多做法，都加深了美方在这方面的基本担忧。比如，中国强烈反对美韩在黄海地区进行海军演习，尽管这场演习是对朝鲜的挑衅行为做出的回应。但是，中国反对的原因是认为美国航母进入黄海的国际水域，暗含威胁中国安全的意味。在河内举行的东盟地区论坛（ARF）会议上，中国外交部长杨洁篪严厉指责美国国务卿克林顿干涉与美国无关的事情，因为她在会上评论了南海问题。由于美国认为亚洲是对其长期利益最重要的地区，美国对中国在亚洲所采取的行动潜在的长期影响特别敏感，如果这些行动表明中国将对该地区采取一种更加显示霸权的态度或者试图限制美国在该地区的存在和活动的话。

经济和贸易

在全球性经济危机和金融危机过程中，中国始终保持很高的年增长率，加之美国认为中国政策越来越倾向于重商主义，美国开始担心，中国为追求维持快速增长会直接侵害美国利益。在这方面，有一些具体问题尤其会引起美国对中国领导人意图的质疑。

• 盗窃知识产权。尽管制定了相对高质量的法律和法规，中国也加入了有关国际公约，但是中国黑客持续不断地大量盗窃美国知识产权，使美国人产生了这样的印象，即这种盗窃已经成为中国国家发展战略和国防战略不可分割的一部分。近年来，来自中国黑客的网络攻击，导致美国私有部门的知识产权信息大量丢失，此外还有敏感的军事信息，比如 F–35 新型战斗机的工程数据，因此对中国的怀疑随之增加了。而当中国出台政策，实际上要求提供技术转让才能进入中国市场（尤其是在新型绿色技术产业中）之后，这种怀疑变得更为强烈。在很多情况下，美国领导人认为，把签署技术分享协议作为进入中国市场的前提条件造成了技术偷盗，并且中国利用这些技术（结合各种中国政府补贴和对本国公司的其他支持）将美国公司逼到破产。

• 货币政策。中国控制人民币的价格，使其保持在低于市场定价的水平，这一做法被认为是在对中国出口到美国的商品进行广泛的补贴，并对美国向中国出口的产品征税。尤其是在全球金融危机爆发之后，美国集中在制造业部门和出口部门创造就业的时候，这种货币政策至少被认为是对美国的极重要利益表现出的漠不关心。

- 限制直接投资。虽然中国抱怨美国对出口到中国的一些技术横加限制，但是北京也会定期出版一项非常重要的列表，列出不允许或限制外商投资的部门。这一举措远远超出了国家安全的范畴，相当于保护主义，直接危害了美国的经济利益。这些限制中有很多影响了美国公司极具竞争力的部门，比如说金融服务领域。这一事实增加了美国对中国的担忧，认为中国准备以美国方面直接的、不公平的损失为代价发展本国经济。

- 稀土金属。中国成为全球90%的稀土供给来源之后，严格限制稀土出口，这一举措引发了美国对中国贸易战略方针的特别关注。稀土对许多军事产品和民用产品至关重要，尤其是在电子产品和绿色能源领域。尽管中国解释说它采取限制措施是出于保护环境的考虑，但是造成的形势是，如果有公司在2011年希望获得足够的稀土金属，那么只能将其生产设备转移到中国。但是，在这个过程中，其技术被盗的风险越来越大。不管中国真正的目的是什么，这个问题的处理方式陡增了对下面问题的担心，即一旦北京能够在更广泛的行业和问题中主导事情的结果，北京将会如何行事？

以上所有问题增加了美国领导人的担忧。他们觉得，尽管很多公开言论与此相反，但是中国很可能从零和博弈的角度看待中国与美国的未来。在一定程度

理解战略互疑：美方观点

019

上，同那些只参与到中美经济关系中的官员相比，美国高级政治领导人可能更为强烈地感受到，从经贸领域的担心引出的关于中国意图的消极结论。

制度化的不信任

战略不信任在美国体制中已经被部分制度化了（在中国体制中也是如此）。每一个机构实际上都很庞大且多样化，把某一种观点归咎于任何一个特定的主要机构都是不对的。不过，确实有一些重要官员的某些观点只是与他们所在机构相关。下面将重点说明此类问题。

军事

与其他国家军队一样，美国军队受命做最坏的打算，并在此基础上建设军力，对保护国家及其重要利益进行规划。中国现在拥有世界上最强大的军队之一，并且其军事能力增长的速度比任何其他国家都快。美国方面认为，解放军很显然在优先发展那些专门针对美国军事平台——比如航空母舰和卫星——的能力，同时，解放军对其能力、在今后面临主要的战略威胁时将采用什么新力量和原则，都没有按照国际标准实现透明化。

当一个国家的长期规划得到理解，并且该国采取的行动大体上与这些规划相一致时，信任才会产生。就中国而言，它没有清晰地呈现其主要领域的军事规划。比如，军方发表的白皮书中没有地域分区，没有显示出中国在世界各地的利益何在。同时，解放军正在世界范围内建设基于空间技术的情报、通信和导航系统，并且开始建造航空母舰和两栖登陆舰。

考虑到中国将目标特设在美国主要军事平台以及中国武器计划缺乏透明度，美军每隔一段时间就会对解放军获得的最新装备感到震惊，并大为不快。这增加了对解放军最终意图和规划的不信任。在美军内部，这种不信任在海军、空军、网络空间和情报部门里尤为强烈。

一些具体的事态发展，使美国军方对中国的怀疑变得特别强烈。比如，在 2001 年 EP－3① 和其他军事事件中，中方一直拒绝认真参与对案件真相的调查，固执地坚持主观意见，然后到某一时刻认真讨论如何解决。用一位美国官员的话说，"这种做法引起了不信任——如果中国不想受到案件真相的影响，那么中美两国相互理解、合作和妥协的基础就很难建立"。

网络安全

美国最近在军队内部建立了综合的网络司令部（在各分支机构中还存在次级指挥部），同时在政府官僚机构的各个其他部门中也设立了专门的网络安全机构。这些种类繁多的网络防范机构，很快对来自中国的网络操作变得极其敏感，因为网络活动针对的是

---

① 指 2001 年 4 月美国一架 EP－3 型军用侦察机同中国一架战斗机在南海上空相撞事件。——译者注

美国军事和民用（既包括政府也包括非政府）目标。它们如雨后春笋般出现，规模宏大且范围广泛，有些极其执著、组织严密，并且在一些案例中甚至已经取得了惊人成果，进入某些重要网站并复制了具有直接军事、外交和经济重要性的高度敏感的数据。

因此，尽管许多网络相关部门接到的任务并非以中国为主要关注点，但这些部门却实际上已经在对以中国为基地、以敏感的美国能力为目标的网络活动不断发出警报。虽然网络空间特有的归属难以追寻，但很多操作都是从位于中国的服务器发出的，目标集中在中国政府、军队和公司特别感兴趣的部门。很多人据此得出结论，认为这些活动在很大程度上是中国政府指使的，并暗含了中国的态度和意图。因此，美国方面不可能不存在战略疑虑。

情报机构

美国情报界的许多机构发现，他们收集的情报显示，在内部交流中，当谈及与中美关系直接或者间接相关的问题时，中国的主要官员非常倾向于采取零和方式。这种交流更倾向于局限在少数机构里而非面向大众的宣传。因此，它们的基本内涵在一些情况下被认为是清晰地暴露了中国的"真正"目标。

联邦调查局在反间谍活动和国内网络安全方面扮演着重要角色。它对以中国为基地、针对美国国内目标的活动已经变得非常警觉。最近几年来，以盗取美国公司技术为目的的间谍活动数量剧增。在一定程度上，这反映了打击间谍活动的努力收效更明显，同时也形成了这样的共识，即源自中国的行动显著增加。在网络安全方面，联邦调查局忙于处理来自中国服务器的网络入侵，这些入侵都针对美国的敏感目标，且使用非常高超而持续的方法入侵并获取信息。在非常多的情况下，遭受入侵的信息被认为只有中国政府部门才会特别感兴趣（一般的黑客、犯罪集团或者其他国家的政府不会感兴趣）。

总之，美国政府关键部门根据其接到的任务和以往经验，有充足的理由得出下面的结论，即无法相信中国把实现同美国进行建设性合作作为其长期的战略目标。"9·11"事件之后，这些部门在美国决策过程中的作用越来越突出。因此，使战略不信任越来越成为美方政策组合的中心。

国会

讨论至此，我们提到的"美国高层领导人"不包括美国国会，但是国会在美国外交政策的各个方面都起着重要作用。在贸易问题上尤为如此。同时，国会还控制着政府预算支出，因此能够以各种方式让行政部门感受到它的影响力。

美国国会有535名议员，他们分别代表着非常多样化的选民。许多人对中国的看法是基于个人的经历或者体现的是他们所代表的选区内一部分选民的利益，包括那些从中美经贸关系中获益的人。其中，只有很少几位议员认真研究过中国，或者了解中美关系的历史细节和内涵。

总的来说，很多国会议员对中国的对美意图持高度怀疑态度。对其中一些人来说，这种怀疑源自其选区内商人的抱怨。对另外一些人来说，这种怀疑是基于意识形态的假设，或者对于人权问题的关切。美国国会中对亚洲事务颇具影响力的几位主要成员对中国的消极印象，形成于他们自己的越南战争经历或者同其他集权国家打交道的经验。

国会对中国的战略不信任，给行政部门中的决策者带来了真正的压力。比如，国会要求国防部每年起草中国军力发展报告。由于受命调查的焦点问题性质特殊，这份报告在增加对中国的战略不信任方面有典型意义。国会还要求禁止行政部门在中美空间合作和更广泛的科学合作上支出经费，这就剥夺了美国政府可能拥有的用于减少对华战略不信任的一个手段。而且，国会议员还会利用他们的权力，确保行政部门的高层官员对中国的最终意图抱有足够的警惕。

国会中众说纷纭，国会议员在大多数问题上都莫衷一是。但是总体来看，来自国会山的观点以及国会议员施加的影响力，迫使美国政府不得不认真考虑那些对中国的长期意图不太信任的观点。

理解战略互疑：中方观点

　　在中国实现现代化的道路上，稳定合作的中美关系是最符合中国利益的。冷战结束以后，中国领导人一直表现出在中美关系中实现"增加信任，减少麻烦，发展合作，不搞对抗"的愿望。尤其在过去几年里，当北京觉察到美国方面对中国的战略意图产生更多担心的时候，北京就会向华盛顿保证，中国不会寻求挑战或者代替美国在世界中的地位，中美合作必须建立在战略互信的基础上。中国领导层也采取了措施来管理国内媒体和大众舆论，以减少针对美国过度的民族主义情绪。同时，在北京看来，正是由于美国的政策、态度和误解，才导致了两国之间缺乏互信。

　　中国对美国的不信任，从 1949 年中华人民共和国成立时就开始存在，并延续至今。在 20 世纪 50 年代和 60 年代，中国把美国看成是最凶恶的帝国主义国家，也是对中国最严重的政治威胁和军事威胁。到 60 年代末期，苏联成为中国的主要敌人之后，美国的威胁减弱了，但是并没有消失，尤其是在政治和意识形态领域。1978 年，中国开始实施改革开放政策以来，中国对美国的疑虑在很多方面有所体现，并且涵盖范围广泛，从担心美国试图干预中国的国内政治，到怀疑美国企图阻止中国成长为一个世界大国。

总之，中国对美国的战略疑虑根深蒂固，而且近年来似乎呈现加深的趋势。这种不信任，不仅在一些官方声明中可见一斑，在媒体、网站、博客空间和教育体制中体现得尤为明显。官方观点和大众情绪彼此深化，相互影响。

国际体系的结构变化

自1949年以来，中国对国际战略格局做出的不同评估，导致北京的对外政策思考方式——尤其是对美国的认知——不断地随之调整。在1989年政治风波以及苏东国家出现剧变之后，邓小平倡导对美国采取谨慎而非对抗的方针，这种方针在中国被广泛称为"韬光养晦"。在很大程度上，提出这种方针是以下面的事实——以及评估——为前提的，即中国的实力和国际地位远远不如美国，国际力量对比当时是朝着西方的政治体系、价值观以及资本主义制度倾斜的。在其后20多年里，邓的观点以及对美政策一直被以江泽民和胡锦涛为领导核心的两代继任者所奉行。

从2008年开始，几大事态发展重塑了中国对国际格局和全球趋势的看法，尤其是对美国的态度随之出现了调整。第一，许多中国官员相信，他们的国家已经跻身世界一流大国，应该得到与之相称的待遇。

中国不仅成功地挺过了 1997～1998 年的亚洲金融危机，而且也成功应对了 2008～2009 年的全球金融危机；在中国人眼中，后者是美国经济和政治的深层弊端造成的。中国已经超过日本成为世界第二大经济体，同时，似乎在政治上也应该成为世界第二。中国领导人对中国成功举办 2008 年奥运会、2010 年上海世博会以及其他一些史无前例的盛会感到十分自豪。中国的太空项目和先进的武器技术也增加了北京的自信。中国领导人不会把这些成就归功于美国或者美国领导的世界秩序。

第二，中国的一般观点是，从长远眼光来看，美国基本上是一个正在走向衰落的国家。美国的金融动荡、巨额赤字、高失业率、经济复苏乏力以及国内政治的极化，被视为是美国衰落众多标志中的几个。不过，可以确定的是，中国的高层领导头脑足够清醒，他们注意到了美国实力的弹性，尚未得出眼下美国的超级大国地位已受到严重挑战的结论。

实际上，中国领导人认为，美国经济走低一定会损害中国经济发展，包括导致出口受损以及使中国用于储备而购买的美国国家债券贬值。然而，中国仍然认为，美国在全球舞台上缺乏信心和能力，并且美国国内政治出现了相当混乱的图景。中美之间的实力差距已经明显缩小。2003 年，美国发动伊拉克战争的时候，美国 GDP 是中国 GDP 的 8 倍，但是现在，这个数字已经减少为不足 3 倍。现在的问题是，中国取代美国成为世界第一大经济体还需要几年的时间，而不是几十年的时间。

第三，在中国领导人看来，中美之间实力平衡的转变，是当今世界正在呈现的新格局的一部分。西方世界总体上都面临着经济挫折，新兴大国如印度、巴西、俄罗斯和南非，都加入到中国的行列，共同挑战西方的主导地位。这些国家放在一起被称为"金砖五国"（BRICS）和"基础四国"（BASIC），并且金砖国家领导人定期举行会晤。① 他们在经济和外交政策上的协作对西方的主导地位形成了一种制衡。G20 正在取代 G8 成为一种更有效或许更有生命力的国际机制。国际货币基金组织（IMF）、世界银行与其他国际组织和机制现在不得不更加认真地对待新兴大国的愿望和利益。

第四，中国的政治精英，包括一些国家领导人都普遍认为，中国的发展模式是西方民主和经验之外的另一种选择，是其他发展中国家可资借鉴的。况且，许多引进西方价值观和政治体制的发展中国家正在经历动荡和骚乱。"中国模式"（或者所谓"北京共识"）的特征是构建全方位强大的政治领导，从而确保能够有效地管理社会和经济事务，这与那些出现"颜色革命"每每导致国家分裂、西方侵犯其主权的国家形成了鲜明的对比。

---

① 随着 2010 年把南非纳入金砖国家行列，金砖五国产生。到 2012 年，金砖国家成员包括巴西、俄罗斯、印度、中国和南非。2009 年在哥本哈根举行的气候峰会上，四个发展中国家——巴西、南非、印度和中国（合称为基础四国），合作确定了在减排问题上的共同立场。这一组合与金砖五国在很大程度上存在重合。

很显然，美国人不会欣然接受中国人的上述观察。因此，许多中国政治精英怀疑，其实是美国，而不是中国，"站在了历史错误的一边"。过去，因为美国国力富足且拥有先进的技术，他们尊重美国，美国在某种程度上是可信的；现在这个国家既不再令人敬畏，也不再值得信赖，因此它对世界的示范作用和对中国的劝诫已经大大贬值了。

在中国，很多人深信，美国在处理世界事务时的最终目的是维持其霸权和统治，所以，华盛顿将会试图阻止正在崛起的国家——尤其是中国——实现它们的目标，提高自身的地位。根据中国人对世界史的典型理解，美国政客是"丛林法则"的忠实信徒，他们推行民主和人权实际上是帮助其实现强权政治的政策工具。这种愤世嫉俗的看法是如此深入人心，以至于没有人会公开证实美国人真的相信自己对人权问题所表示的关切。中国的崛起，基于其庞大的规模以及政治、价值体系、文化和种族的独特性，一定会被美国视为是对其超级大国地位的主要挑战。美国的国际行为越来越多地在这样一个大背景下得到解释。

政治和价值体系

从中华人民共和国成立之初开始，人们始终坚信，美国一直怀有阴险的图谋，策划推翻共产党的领导，把中国变成它的附属国。这种计划被称为美国对社会主义推行的"和平演变"战略。美国对苏联解体之前东欧的反共游行、一些原苏联加盟共和国出现的"颜色革命"、2011 年出现的"阿拉伯之春"等所表现出的同情以及支持，还有它对缅甸民主改革的支持，全都是美国实现其图谋的例证。

长期以来，中国共产党一直防范美国意识形态的影响。这种意识形态所倡导的公民权利、政治自由、宗教自由和西方式民主，是中国主流意识形态无法接受的。中国官员和主流评论家坚决反对在中国进行可能导致西方民主的所谓政治改革的想法。中国全国人大常委会委员长吴邦国在 2011 年 3 月的讲话中指出："从中国国情出发，郑重表明我们不搞多党轮流执政，不搞指导思想多元化，不搞'三权鼎立'和两院制，不搞联邦制，不搞私有化。"①

中国主流观察家仍然认为，美国对华政策的目的是要"西化、分化"中国。他们强烈谴责美国对达赖喇嘛的同情和支持，认为达赖喇嘛是有意将西藏从中国分裂出去的政治人物。2008 年 3 月，拉萨发生暴乱事件之后，他们对美国意图的不信任加深了。这一事件被认为是美国长期支持和鼓励居住在海外的"藏独分子"的结果。2009 年 7 月，新疆乌鲁木齐发生了恐怖的暴乱事件，人们对美国的所作所为感到更加愤怒。因为据中国媒体报道，维吾尔族政治激进分子热比娅策划了此次血案，并且她和她的分裂主义组织得到了美国政府的资助和支持。2010 年 10 月，诺

---

① 引自 2011 年 3 月 10 日吴邦国在十一届全国人大四次会议上作的常委会工作报告。

贝尔和平奖授予刘晓波，中国领导层普遍相信是美国在幕后策划了这一行动。刘晓波因"煽动颠覆"中国政府而被判刑 11 年。值得注意的是，所有现存反对中国共产党的政治力量，包括"法轮功"，都把它们的基地建在美国，因此中国认为这些势力都是得到美国政府支持的。

中国已经建立起了日益强大、复杂的机制，尤其是反间谍和网络安全部门，以此来确保国内政治稳定。人们始终坚信，中央情报局和许多看上去光明正大的非政府组织和企业，实际上都对中国不怀好意，并在中国搜集一些敏感数据。2010 年初，谷歌公司公开批评中国对其在中国境内的业务进行所谓的官方干涉，引起了北京的强烈回应。中国政治圈强烈怀疑美国政府在背后支持谷歌在中国网民中煽动反政府情绪。

美国参与中亚各国以及其他一些前苏联国家的"颜色革命"，加之美国对 2011 年"阿拉伯之春"的态度，进一步强化了中国方面的看法，即如果美国发现中国出现了类似事态和机会的话，美国将企图颠覆中国共产党的领导。由于中国现阶段越来越多地强调国内政治维稳，由此导致的对美国意图的不信任愈加强烈。

国家安全问题

中国一些高层官员曾公开宣布美国是中国国家安全的最大威胁。这种观念尤其在中国的国防和安全部门以及党的意识形态部门中得到普遍接受。

最近的几个事态发展，加深了中国对美国在国家安全领域战略意图的不信任。首先，尽管从 2008 年 5 月国民党上台后北京和台北之间的关系有了显著改善，但是美国继续向台湾提供先进武器以威慑大陆。此举在中国看来是极具危害性的，并增加了对华盛顿的疑虑，即只要中国的实力地位还落后于美国，美国就不会顾及中国的利益和感受。

其次，尽管奥巴马政府已经向中国领导层保证它没有遏制中国的打算，但是，美国海军和空军加强了对中国的抵近侦察活动。有些时候，美国的侦察飞机和舰只如此接近中国边界，以至于引起解放军在操作层面上的强烈警觉和反应。中国军方领导人认为，这些活动是有意挑衅，因为当今世界上任何其他国家，甚至于俄罗斯，都没有受到这种日复一日的军事压力。

最后，华盛顿加强了与中国许多周边国家的安全关系，包括近期与印度和越南的关系。这两个国家都曾经与中国发生过边境战争，且目前与中国仍然存在领土争端。美国与盟国不断加强的联合军事演习，引发中国更多担忧。中国官员特别关注奥巴马政府于 2011 年 11 月在亚太经合组织夏威夷会议期间和在印度尼西亚召开的东亚峰会上发表的关于美国战略重心重新转移至亚洲的言论。北京的理解是，华盛顿在亚洲的许多最新动向，包括在澳大利亚的达尔文港轮流部署美国海军陆战队、鼓励缅甸放松国内政治控制和加强与菲律宾的军事联系，在很大程度上都意在牵制中国。美国插手南海领土争议，宣称关注该地区航海自由，让北京感到尤为不快。

经济问题

最近几年，越来越多的中国人有这样一种疑虑，即美国正在利用中美经济摩擦作为美国经济失败的替罪羊。美国贸易保护主义在中国被广泛视为美国在国际竞争中失利的象征。在中国人看来，美国与中国的贸易逆差，在很大程度上是其对华政治偏见导致对华出口管制造成的。同时，中国也注意到，美国正在给在美投资和合并或兼并美国公司的中国企业设置无数政治障碍。美国迫使中国人民币升值的行为，一般被看成是以中国经济和中国劳动力为代价、服务于美国利益的一种专横、不讲理的手段。

从全球性经济危机开始之时，中国便大量持有美国国债，这一举措已经成为越来越有争议的国内政治问题。由于美元贬值、美国金融市场波动，以及 2011 年 8 月出现的债务上限争斗，越来越多的人开始质疑，是否有必要把如此大量的中国金融储备存放在美国，这样做是否明智。"绑架""欺骗""盗窃""掠夺"和"不负责任"，只是中国人用来表述他们不信任美国债务证券的词汇中的几个。可以确定的是，对于中国经济和政治领导人来说，除购买美国的债务证券之外，其他备选很少。但是，对于那些为购买或增持美国金融资产的决定做辩护的人来说，北京的国内政治环境使他们的处境相当難堪。

随着美元在国际金融市场地位的削弱，北京越来越怀疑美元作为全球储备货币的持续性，并且增强了实现人民币国际化的紧迫感。与此同时，中国也怀疑美国将为人民币成为国际货币制造障碍。很多人相信，美国的全球霸权主要是依靠美元的统治地位才得以维持，并且认为美国在过去曾试图限制欧元地位的上升。奥巴马政府计划最终确定并扩大跨太平洋伙伴关系（TPP），此举在北京看来是企图同中国与亚洲其他经济体之间不断壮大的经济关系展开竞争，并限制人民币的流通。

能源和气候变化

许多中国官员认为，小布什政府代表了石油寡头的利益，伊拉克战争和美国的中东政策是在控制全球石油供应的愿望驱使下实施的。中国对此的疑虑延续至今。他们认为，奥巴马政府设计的开发清洁能源的项目与此类似，也是受自我利益驱动的。对许多中国经济学家和舆论领袖来说，关于气候变化问题的整体论述是西方的一个阴谋，这一阴谋的首要目的就是要阻止中国以及其他发展中国家赶超西方国家。他们相信，通过植入这种印象——气候变化是由人类活动造成的，通过降低二氧化碳排放量可以解决气候变化问题——西方人能够卖出他们的低碳技术，进而获利，同时可以防止像中国这样的经济体崛起，因为这些国家仍需继续扩大生产和加强基础设施建设才能满足社会需求，从而摆脱贫困并向中产阶级占主导地位的社会过渡。

很多中国领导人具有技术和理工科背景，他们会更关注关于气候变化的主流科学发现，可能并不会相信阴谋论。中国真正感兴趣的是与美国和欧洲加强在开发清洁能源方面的合作。但是，如果对西方提出的绿色经济的号召回应太过积极的话，就会存在政治风险，因为中国经济的高速发展在未来的几十年中仍将依赖化石燃料。

外　　交

中美之间的实力平衡变化是能够察觉到的，这一变化让很多中国人期待并且强烈要求出现更加"有所作为"的中国外交政策。中国领导人清楚地察觉到这种情绪。如果说北京在过去对美国售台武器和在中国周边进行侦查活动存在一定程度的忍让的话，那么现在中国政府应该有足够的勇气和决心"惩罚"美国的所作所为。迄今为止，北京对奥巴马政府"战略重心转向亚洲"的论述以及相关的外交和军事行动所做的回应还是谨慎的，但是中国的这种态度还应该坚持多久，在国内是存在争论的。

中国对美国在朝鲜半岛、伊朗、叙利亚和其他地方的国际政策和行动进行的批评和抵制，反映出中国的疑虑，即这些政策和行动是建立在不公正的、狭隘的美国自身利益的基础之上的，并将直接或间接影响中国利益。

北京依然公开支持朝鲜半岛实现无核化，如果朝鲜采取任何开发核武器和核扩散的新行动的话，北京都会深感不安。然而，有些中国领导人认为，需要对朝鲜半岛的紧张局势担负更多责任的是美国，而不是朝鲜。毕竟60多年前中国参加朝鲜战争时，是与朝鲜一起并肩作战，共同抗击美国和韩国军队，并把美国军队阻挡在中国东北省份边界区域之外。现在，帮助朝鲜维持国内稳定依然是中国最大利益之所在。考虑到美国在东亚地区目前对中国构成的安全威胁，与平壤保持友好关系至关重要。北京人士普遍认为，美国想要看到平壤出现"政权更迭"，美国对朝鲜政府施加压力的目的在于削弱或推翻朝鲜政府，给中国带来麻烦。

北京对伊朗的政策同样面临两难境地。一方面，中国同美国及其欧洲同盟一样，坚持防止核武器扩散原则。另一方面，中国担心，华盛顿对德黑兰实施高压政策，更多的是受美国希望改变伊朗的政治结构以及改变中东的地缘政治地图的愿望驱使，而不是像其宣称的那样，为了防止伊朗人拥有核武器。中国没有准备切断自己与德黑兰的贸易关系，以支持美国对伊朗实施更严厉的制裁。

虽然北京并不认为始于2011年初的阿拉伯世界的动荡一定是美国挑起并对美国有益的，但是中国政府还是对2011年西方世界对利比亚的武力干涉感到不安。目前，美国在该地区的图谋正在叙利亚逐渐显露，如果得到进一步推进的话，将被视为会破坏该地区的稳定并损害中国的利益。因此，中国加入了俄罗斯和其他一些国家的行列，共同反对使叙利亚现任政府非合法化、反对支持该国内反对势力的国际努力。

美国在全球范围内所做的反恐努力，在北京看来是用来扩大其在中东、中亚和其他地区利益范围的一种手段。21世纪初，尤其是2001年"9·11"事件之后，华盛顿集中精力进行反恐斗争、伊拉克战争和阿富汗战争的时候，中国预见到在对外工作中出现了一个20年的战略机遇期。在此期间，中国能够集中精力发展国内经济。但是，自从奥巴马政府决定从伊拉克和阿富汗撤军以来，中国愈加怀疑美国将其战略矛头从大中东地区转移出来转而指向中国，视中国为其最大的安全威胁。美国的"战略重心在亚洲"的说法倾向于强化这种怀疑。

中国已经注意到，一系列看上去意指中国的美国外交动作，包括华盛顿把自己卷入中国与越南、菲律宾等几个东南亚国家在南海问题上的领土争议。尽管美国的官方观点对此始终保持"中立"，但是在中国人看来，美国显然是希望破坏中国和东南亚国家之间的关系，并使争端长期存在。美国呼吁南海航行自由，明显与中国的领土主张背道而驰。美国其他不友好的外交行动还包括加强美印联系。当美国称印度为"世界上最大的民主国家"的时候，其指向中国的言外之意显而易见。

中国认为，美国在世界各处的许多活动都是有悖于不干涉别国内政原则的。中国对缅甸、苏丹、津巴

布韦等很多发展中国家的政策，都与美国的立场形成
强烈的反差。美国批评中国在这些国家的外交实践，
此举被认为是旨在剥夺中国在这些地区获得自然资源
的权利，因此是美国企图牵制和干扰中国崛起、使其
复杂化而在全球范围内所做的一部分努力。

分　析

　　以上概述不是为详细介绍两国个别高层领导人现有的观点。相反，本报告的首要目的是希望抓住两国首都高层政治精英的主要相关观点，以期这种不加任何粉饰的说明能够为两国的决策者提供些许价值，只要双方还希望与对方建立建设性关系。

　　正如上文描述中所强调的，尽管在很多问题上双方具有丰富的交流经验，但中美关系确实存在着大量深层的战略互疑，且呈增长之势。产生互疑的原因不尽相同。在中国方面，这种不信任更多是源自北京的历史教训；而美国方面的不信任，更倾向于是因为华盛顿不确定一个更强大的中国将会如何应用其不断强大的实力。无论是哪一种情况，不同的政治体制和价值严重加深了两国与生俱来的对对方国家意图的不信任，同时越来越不能够完全理解是什么塑造了对方国家的态度和行为。

　　把中国的近代史及其仍在不断发展的国内体系考虑在内，北京深切关注的不仅是美国对华的战略立场，还包括华盛顿对中国的国内政治稳定和经济发展的最终意图。相比较而言，尽管目前国内困难重重，但是华盛顿丝毫不担心美国政治体系具有持续的生命力，它倾向于认为自己的未来取决于美国如何有效处理国内问题。美国更关心中国在国际体系中的影响，以及会对美国推进其长期原则和利益的能力造成怎样的影响。

总之，美国和中国之间不断加深的战略互疑有三个基本来源。

第一，自中华人民共和国于 1949 年成立以来，两个政体之间就存在着截然不同的政治传统、价值体系和文化。在美国看来，中国的非民主政治、侵犯人权和不透明，使这个政府不值得信赖；尽管中国在1978 年实行了改革开放政策，经济和社会生活在此之后取得了长足进展。中国领导层则认为，美国对中国一贯抱有敌意，因为它图谋削弱北京自身的权威和合法性。因此，北京很难相信美国人在表达他们希望看到一个强大富饶的中国时，是带有诚意的。

这种不信任的根源已经被两国的一些机构和团体进一步深化了。出于可以理解的原因，两国的国内安全和国防建设，包括它们的情报机构，很大一部分都是在中美关系不友好的假设下开展工作的，因此，它们的工作进而会增加对彼此的怀疑。对于在这些机构中工作的很多人来说，对另一个国家的战略不信任是显而易见，且有正当理由的。此外，美国媒体经常刊登关于贬损中国和中美关系的报道。而近年来，中国的媒体也发现，关于美国的一些耸人听闻的负面故事和评论对国内民众极具吸引力。综合以上因素，这些机构和团体的行为推动了两国各自在国内建立了一种政治正确性。有了这种政治正确性，采取有效措施建立互信变得越来越难。

第二个战略互疑的广泛来源是，对对方国家的决策过程、政府与其他实体的关系理解和鉴别不够。每一方都倾向于认为对方的行动更具有战略目的，是精心设计的，而且内部协调比实际情况要好。例如，中国国有企业在世界各地的经济活动，尤其是在美国的投资，通常被怀疑是中国领导层实施的"大战略"的一部分。然而，在现实中，这些企业的决定大多是受商业利益驱动、自行制定的，并且在很大程度上彼此不相关。对美国政客而言，中国共产党的职能和活动在相当大的程度上仍然是未解之谜。对中国来说，在中国经营或者对中国感兴趣的美国非政府组织、私人基金会和教会通常被视为都是出于政治目的，而且是由美国政府，特别是美国中央情报局提供赞助的。尽管美方否认这种联系，但是这种否认并不能改变中国政治精英的看法。因此，美国政府经常被认为要对那些损害中国利益的美国公民和非官方团体的行为负责。

第三个战略互疑的总根源，是公认的美国和中国之间的实力差距缩小。在最近几年之前，还不存在太多关于中国超越美国成为世界上最大经济体，并且可能成为全球霸主的讨论。今天，这种预期变得很"真实"，并在两国中广泛传播，尽管北京和华盛顿对此态度截然不同。

中国将在可预见的将来代替美国成为世界第一大

政治经济体，美国对此表示担心，而中国则对此表示乐观，这种状况具有深刻的政策寓意。美国的担心可能导致它将更加怀疑中国已经有"打败"美国的雄心；中国的乐观很容易变成一种担忧，即美国将尽其所能阻止中国向一个经济、政治和军事强国迈进。

可以确定的是，华盛顿和北京的领导人在评估两国各自在世界中以及与对方相比较而言的实力和地位的时候，要比两国大多数公民和评论家拥有更多消息来源，更加老练。但是，两国社会中危言耸听的民族主义倾向通常以零和思维方式呈现，从而限定了华盛顿和北京高层领导人的政策选择范围。

总之，上面提到的战略互疑的第一个来源，突出了在美国和中国存在的结构性和深层次因素，这些因素不会出现重大变化。因此，对华盛顿和北京而言，更加实际的做法是着力于战略互疑的第二个和第三个来源，增进彼此对对方国家国内形势的认识，同时共同努力实现双边以及与其他国家的更有效的国际合作。

在这一过程中，很重要的前提是，要清楚地认识到，北京似乎比华盛顿更接受战略互疑这一判断，这一反差可能反映了中国对西方霸权统治带来的"百年屈辱史"记忆犹新，并且清楚地认识到相对于美国来说自己的实力地位处于劣势。正如以上论述所阐释的，华盛顿认为，两国建立正常的大国关系既是可取的，也是非常可能实现的（尽管并不是肯定能实现）；但是北京认为，这种关系虽然可取，但不太可能成为现实。中国对与美国发展长期正常大国关系的可行性越是充满疑虑，反过来就越容易让华盛顿官员对中国本身的意图感到担心。

除了以上讨论的实质性问题之外，两国在风格和实践上的不同也为建立战略互信增加了难度。例如，美国人普遍认为，信任应该建立在共同携手解决实际问题的基础上，并且以此来界定。在双边关系中，美国决策者认为，中国在把中美关系定义为"建设性战略伙伴关系"之前，应该表现出更多的意愿，采取更主动的行动，合作解决诸如朝鲜和伊朗的核计划、知识产权、气候变化等问题。与此形成对照的是，中国人倾向于认为，应该首先明确界定个人、机构或国家之间的关系，或者双方至少应该先做出正式承诺，之后才可以更好地相互交往，相互配合。因此，中国的官员和外交官煞费苦心地说服他们的美国同行，要他们预先接受自己挑选的用以定义两国正在努力实现的国家关系的表达方式。

另一种文化差异的表现是，美国人欣赏在讨论困难问题时表现出的直率和诚实，因此可能会认为中国方面总是对争议采取"搁置"态度是缺乏诚意的表现；中国却可能把美国的"直率"看作不仅是不适当的，而且有时是故意傲慢并且带有侮辱性质的。

建立战略互信

上述分析既坦率又发人深省。但是，对于中美两国是否有能力最大限度地实现长期互利合作，上述分析并未做出良好预期。展望未来，战略互疑不断增加可能是难以避免的。两国至多不过是通过努力找到某些手段，来降低因缺乏信任而给各自利益带来的损失。如果减少战略互疑的努力被证明是无效的，双方应该对寻找这些手段有所准备。

但这种减少互疑的努力还是非常必要的。在战略互疑不断增长之际，一个小事件就可能引发带来巨大损失的中美政治或军事危机。彼此间的"敌人意象"很容易在两国民众中被唤起，正如 1999 年北约轰炸中国驻南联盟大使馆之后，以及 2001 年美国间谍飞机与中国战斗机相撞事件后，中国民众的激愤表现。更重要的是，随着时间的推移，战略互疑可以使有关中美关系是敌对性质的说法成为自我实现的预言。敌对的中美关系对双方而言基本上都是零和的，并将严重损害相关各方面的利益。因此，这个非常棘手的问题很值得双方仔细研究一下，即在以逐渐减少战略互疑为目标的前提下，应该如何应对战略互疑。

2012年期间，中美两国领导人都将集中精力于国内优先事项，这是正确的。他们有充分理由相信，到目前为止，他们已经相当成功地管理了复杂的，有时甚至是困难的中美关系。的确，双方高层领导人在双边和多边场合频繁会晤，并已通过"战略与经济对话"等官方渠道增进了相互理解与合作。2012年，既是美国总统大选年，也是中国领导层换届的一年。在这一年里，任何一方都不太可能采取意义深远的新举措。但从长远来看，双方都需要考虑采取一些主动行动，以便显著改变眼下引起战略互疑增加的因素。建立战略互信将会困难重重，因为产生不信任的根源是深刻的、多方面的，并且双方对这些根源都尚未很好理解。上面的论述力求使这些缘由及其相关的思维定式变得更为清晰。

我们提出以下建议来呈现新举措的类型，希望能够抛砖引玉，引发更多关于中美长期关系的建设性思考。为了取得成功，这些举措应该集中于增加双方在主要问题上的相互理解，并采取措施质疑传统的假设，因为这些传统假设是双方战略互疑不可分割的一部分。

两位作者认识到，下面提出的建议中，许多都将在一国或者两国国内引起争议，而且在我们两人之间都未必能对每项建议的细节达成一致意见。因此，我们并不是把这些建议作为具体的行动计划提出来的。我们提出这些建议，不过是希望能够说明在不同领域中可以采取行动的类型，而这些行动或许可以促使两国突破上文所表述的产生战略互疑的思维框架。

经济和贸易

在经济和贸易问题上，中美两国已经进行了非常广泛的对话和其他各种形式的互动。然而，如上所述，即使在这个领域内，也同样存在程度很高的战略互疑，尽管双方对大多数具体问题能够相互理解。我们在此注意到的三个问题，可能在未来会对互信产生特殊影响。

首先，美国公司长期以来在中国投入了大笔资金，设立新项目、建立合资企业。这些投资让那些在美国政治体制中具有影响力的大企业意识到，良好的中美关系对他们来说具有非常重要的意义。而中国企业在美国进行直接投资（有别于证券投资组合）的数量相对较少。然而，到了2012年，中国在美国进行大规模直接投资的条件已经成熟。美国许多地方政府已经确立了一些基础设施项目，这些项目在经济上可行，但需要筹集资金，而这些资金现阶段在美国无法筹到。由于经济不景气，现在美国市场的价格比较有吸引力，而人民币对美元的价格也已经有较高增长。在国家层面上，领导人越来越鼓励中国企业不仅要在海外的自然资源部门进行投资，更要在其他领域增加投资。

双方都需要努力使这种投资更具吸引力。美方必须更加配合，为中国企业提供更好的信息和指导，告诉其如何驾驭美国的监管制度，以及如何评估某一投资建议是否有可能引发国家安全审查。美方还必须提供其他信息，帮助中国企业确定适当的项目，与特定的美方机构接触洽商这些机会，并协助中国企业了解如何成为在美国当地受欢迎的参与者。在中国方面，为了使中国企业在美国获得成功，需要教会其了解美国市场和商业惯例。中国企业也需要大量的帮助，以了解如何达到公司治理和透明的标准，这些都是在美国经营过程中必不可少的。

双方应鼓励这种投资。随着时间的推移，成功的投资将使中国体制中赞成良好中美关系的声音越来越高，就像美国公司在美国体制中一样。这些在美国的中国投资者也将对美国的内部发展和愿望有更好的理解，进而有助于减少中国对美国的误解和不信任。同样，美国人将有更多的机会熟悉中国企业，包括国有企业。如果这些企业按照商业原则做事，创造就业机会和机遇，并且成为良好的企业公民，就可能缓解美国人对中国商业惯例和目标的担忧。明确了这些目标，两国政府也应努力争取推行双边投资协定。

其次，美国政府正在重新审查有关技术出口的规定，希望更新这些法规条例。自上任第一年以来，奥巴马政府一直在进行这方面的努力。此项任务在实质内容和程序上都很复杂，但是如果能够在奥巴马总统任期内得出一个有意义的结论的话，那么它将会非常有助于建立互信。人们普遍期望，在技术转让方面的限制能够显著减少，应该只对那些明显对国家安全有影响并且在其他地方不容易获得的技术加以限制。长期以来，北京一直把华盛顿范围广泛的技术转让管制视为其从根本上对中国不信任的表现。更新这些规定可能会降低中国人在这方面的疑虑。既然奥巴马政府已经表示，它打算朝这个方向努力并采取措施，但如果在其任期内不能拿出成果，那么，中国对美国的不信任将进一步加深。

最后，如果中国能够将中国政治制度运作的细节更加透明地呈现给美国的主要官员和分析家，把这方面工作做得更好，那么中国政府可能会让美国的信心有所增加。目前，当中国方面做出保护知识产权、扩大政府采购更多外国产品等承诺，但却不能从根本上解决问题时，美国就习惯性地认为中方缺乏诚信。其实，如果对中国政治制度的内部运作方式有更深入了解，美国人就能更好地理解中国在严格执行某些类型的国家决策时力不能及的处境。这种深刻的领悟，将使美国在对某些事情——如技术转让法规——做出决策时，能持有更加切合实际的期望值，同时也能够对中国是否以及何时诚实地履行了诺言，有更准确的把握。

军事战略

当涉及战略互疑的时候，军事/安全领域既重要又颇具危险性。因此，我们特别把注意力聚焦于那些可以减少此领域内战略互疑的想法上。

战略姿态

中美两国目前都正在酝酿关于军事理论和投资于军事能力的重大决定。从广义上说，美国正在减少预期的军事开支，同时重新配置军力，以确保美国在亚太地区的目标能够达到。中国正处在不断增强军事能力的进程中，以适应其不断增多的地区及全球活动和利益。

它们各自的行为可能会增加战略互疑，除非双方能够解决一个核心问题：双方应该如何进行军事部署和正常活动，才能既允许中国捍卫其核心安全利益，同时又允许美国充分履行其对该地区的盟国和朋友应尽的义务？答案可能听起来让双方都不太舒服——中国军队已经在开发自己的能力，以迫使美国在军事平台和规划中做出改变；而在美国坚决阻止中国实现这种主导地位的情况下，北京不能切实希望获得控制直至第一岛链的周边海域的实力。

截至目前，双方都在发展自己的军事理论，但是这些理论一直都不能得到对方的正确理解。中国主张保障近海安全，美国提出"空海一体战"理念，现在已经发展成"联合作战介入理念"（JOAC）。这些理念不仅反映了并且也形成了威胁认知。几乎只有军事领域独有的特点是，所有决策的制定都是以从现在起 10~20 年的预想为前提的，因为它从最初形成一致意见到最终开发一种重要的新型武器系统，并使其与战斗能力和理论融为一体，通常需要这么长时间。此外，双方都尽最大努力监测对方着眼于长远未来的决定，并据此做出反应。

虽然每种理论背后的具体关切和运用的假设不透明，但是每个理论都越来越倾向于使用一些更容易为增加军费找到正当理由的词语来表达，因为两国军队都试图获得基本上无法得到的确定性。美方的分析认为，中国已经采取反介入和区域拒止战略，但关于中国这一愿望的很多细节都非常不清楚。中方对"空海一体战"理念或者新出现的"联合作战介入理念"缺乏了解，所以感到不安。因此，现在最为迫切的需要是对各自的理论以及这些理论与各种有关亚洲地区军事实力部署的决策之间的关系进行认真讨论。

这就呼唤高层政治领导人的参与，与各国军方一起，通过签署一系列谅解和协议，包括为实现相互制约开发和部署严重破坏稳定的武器系统及平台应采取的步骤，对原则和可调和的余地展开讨论，让每一方都能够合理地确保自己的核心安全利益。举行这种讨论同样需要探讨双方在诸如朝鲜半岛和台湾等敏感问题上的目标和期望，以增进相互了解、建立更多的信任。具体来说，这样的讨论可能富有成效地应对下列问题。

在新型军事能力方面相互制约

这一议题尤为重要，因为许多军事能力的开发，都是为了对对方目前的行为做出直接回应。证明双方对相互制约能达成有效承诺，也许可以增加互信。国际军控协议的历史突显出这是一个值得探索的领域。

预测朝鲜半岛的未来

共同讨论朝鲜半岛未来可能出现的状况，能够澄清彼此的目标，并可能就如何实现双方共同期待的结果提出新的想法。举行这种讨论的过程本身，就有可能会促成双方更好的相互理解，减少战略不信任产生的基础。但是，这并不是建议力图形成一项可以对朝鲜或韩国政府发号施令或者侵犯其主权的中美协议，这样的目标既不可行也不可取。

减少在台湾问题上的不信任

双方都希望通过努力和平解决台湾海峡两岸之间现存的分歧。在华盛顿和台北看来，美国售台武器是坚定美国会继续支持台北这一信念的重要组成部分，对台北继续发展两岸在各方面的关系是必要的。但是，北京认为，军售证实了美国的傲慢态度及其干涉中国内政、阻止和平统一的顽固态度，因此损害了中国明确阐述的核心利益。华盛顿和北京应该就台湾海峡的整体安全状况进行认真讨论。对此避而不谈，将会导致双方在进行军事资源的获取和部署时做出最坏假设，进而增加彼此的不信任，最终可能减少保持双方都希望实现的台湾海峡和平稳定的机会。

海上安全

关于海上安全问题的讨论已经存在，并形成了"中美海上军事安全磋商机制"，但是这种讨论仍有补充和加强的很大空间。① 华盛顿一直认为，有必要在中国的领海和领空之外的地区进行侦察和情报活

----

① David Griffiths, *U. S. – China Maritime Confidence Building*: *Paradigms*, *Precedents and Prospects*, Naval War College Maritime Studies Institute, No, 6 (Newport, Rhode Island: 2010).

动。可否采取某些措施，弱化华盛顿对这种必要性的感觉，进而回应美国的安全关切，是值得思考的。

核现代化和外层空间军事化

这两个领域都体现了典型的安全困境的特点，即其中一方为加强防御能力而采取的措施会被另一方看成是一种威胁，并需要采取相应的措施进行应对。在这些领域中，只有相互提供更大的透明度，签署在特定领域相互制约的可行性协议，并深入了解各自的关切和理论，才有可能减少在这些动态技术领域出现动荡变化的几率。

网络安全

网络领域里，中美互疑和相互指责正在迅速增多。作为人类活动一个相对较新的领域，网络的规范和规则尚未得到完善。例如，目前还没有对什么是"网络攻击"形成一个普遍接受的定义。无论是美国还是中国，都不是很清楚对方在这个领域中的警示线是什么。两国政府仍然处在组织起来控制本国网络活动的相对初级阶段。网络也具有一些特别恼人的特点，比如难以确定某一具体恶意操作的真实来源。

这些因素与其他因素一起，使中美之间对可能实施的规范、规则以及在网络领域内可接受的操作方法进行讨论、形成概念并加以执行变得非常困难，但同时也使它们变得极其重要，因为正是在这个领域中，对对方形成的最敌对的印象正在不断得到强化。更深刻地相互了解，更好地认识对方政府如何组织和处理该领域中的问题，并逐步形成共同的词汇和原则，就可以开始为避免出现最坏的结果和减少目前正在这一领域中形成的战略互疑奠定基础。

小多边对话（即 3～4 个国家之间的对话）

由于中美互疑的一个核心问题是两国在世界范围——尤其是在亚太地区——进行着众所周知的"权力斗争"和"实力竞争"，所以，两国政府应尝试建立更全面、有效的机制，在多边环境下就敏感的地缘战略问题进行讨论。

亚太各国政府间通过各种组合，目前已经形成了多种对话机制。有些是正式的多边机构会议（如亚太经合组织领导人会议、东盟地区论坛、东盟、东盟 10＋3、东亚峰会，以及上海合作组织）；其他的是特定国家组合而成的"小多边"机制，如美、日、印三边会议。值得注意的是，后一类没有包括美国和中国同时参加的主要大国的对话平台。

我们建议，开展以下两种小多边对话：一种是在中国、美国和日本之间进行；另一种是在中国、美国和印度之间进行。在每一种小多边对话中，都存在敏感的第三方关系，需要双方对其加以管理。如果不存在这种对话机制，亚洲诸国间可能会产生重大裂痕，而建立这两个对话机制可能缩小这种裂痕。

公众情绪

公众的观点能够在影响各自政府的情绪方面起到

强大的作用。华盛顿和北京都应该向国内选民更好地解释中美关系的重要性，以及彼此政策中积极的一面。

例如，2011 年 9 月 7 日，美国副总统拜登结束了对中国的访问后，在《纽约时报》上发表了题为《中国的崛起不是我们的灭亡》的文章，但是该文并未在中国的官方媒体得到广泛报道。就在同一个月里，中国政府发表了一份《中国的和平发展》白皮书，它代表着中国正在做出重大努力，推动和阐释中国关于和平发展和国际合作的思想，但这份文件并没有引起中美两国政治精英的足够重视。

结　论

　　本报告的写作基于对中美关系的担忧，即中美战略互疑正在增长，并可能造成严重危害，而双方对此理解甚少。因此，应该将它作为一个主要问题，直接面对并加以处理。两位作者希望，我们对各自政府对另一国家不信任的实质内容以及其国内表述进行的坦率说明，能够帮助两国的决策者理解他们各自政策制定的基本背景，并因此使这些政策能够有效地推动各自既定目标的实现。

　　我们的建议反映出作者的一个信念，即有效应对战略互疑虽然非常困难，但并非是不可能的。因此，我们试图提出一系列具体的倡议，以期削弱双方对彼此长远意图存在深刻不信任的基础，并增进相互理解与合作。

　　这种应对的责任风险特别高。中国和美国在未来几十年中将仍然是世界上最有影响的两个国家。两国关系的性质将对两国公民、亚太地区甚至整个世界都具有深远影响。战略互疑如果仍然像现在这样以很快的速度发展下去的话，势必会让所有相关方付出沉重代价。

如上所述，双方存在战略互疑既有客观原因，也有主观原因。通过做出重大努力，我们认为，有希望控制住中美关系中的不稳定因素，并减少其产生的影响。言辞是很重要的。因此，我们提出的许多建议，集中强调要开展新的对话。如果这样的对话和相关行动被证明是无效的，那么双方领导人应该非常仔细地考虑，在双方都对对方国家的长期意图怀有深深不信任的情况下，应该如何管理中美关系，实现合作最大化，并尽量减少紧张局势和冲突。

专题 讨 论

编者按：2012 年，中美战略互疑研究项目组曾先后举办四次专题研讨会：5 月 9 日，召开研究项目的开题座谈会；5 月 25 日，讨论经济问题；8 月 6 日，讨论军事问题；10 月 22 日，讨论外交问题。每次与会的专家学者有所重复，又不尽相同，他们分别是王缉思、李侃如、布莱尔（Dennis Blair）、祁斌、汪建熙、曹远征、李波、李亦非、王波明、戴小京、陈兴动、马骏、张燕生、张沱生、陈知涯、徐辉、王逸舟、归泳涛、张立平、牛军、张清敏、朱锋、吴晓灵、章百家、秦晓、何迪。为使读者了解专题讨论的全貌，现将四次讨论综合整理如下。

王缉思　关于"中美战略互疑"的再思考

　　首先，介绍一下《中美战略互疑》报告的写作过程。2010 年 10 月前后，我和李侃如决定合作撰写这篇报告，前后用了一年多的时间，到 2012 年初完稿，于当年 3 月由美国布鲁金斯学会正式出版发行，中文译稿同时由北大国际战略研究中心印发。

　　我们撰写这篇报告，是基于对中美关系发展趋势的担忧。2009 年奥巴马上台以后，中美关系平稳发展了半年多的时间，中美战略与经济对话级别很高，气氛相当好，双方有意避开了一些敏感问题。然而，是年 11 月，奥巴马对中国的访问却不大成功。美方不大满意的原因之一是，美方本来期待奥巴马在上海的演讲能够像上几次美国总统正式访华那样，进行电视直播，但没有获得中方批准。12 月，出现了诺贝尔和平奖引发的中国"人权"问题之争。许多中国人认为，这是美国官方在幕后操纵的，但美方坚决否认。在年底的哥本哈根气候变化会议上，中美分歧凸显，相互高调指责对方。在安全领域，美国当时指望中国在伊朗问题上配合它的行动，但没有获得成功。2010 年初的谷歌风波中，中方怀疑美国政府在故意破坏中国国内稳定。当年 2 月，奥马巴在白宫会见达赖喇嘛。更令中国人愤慨的是，奥巴马政府于当年 1 月决定向台湾出售大批先进武器。一波未平，一波又起。接下来，4 月韩国声称朝鲜应当为其海军"天安号"军舰的沉没负责。为此，美国和韩国在黄海进行大规模联合军事演习，而中国对此做出了比较强烈的反应。许多中国人认为，美国对朝鲜的压制是"项庄舞剑，意在沛公"。与此同时，中美经贸摩擦也趋于激化。

2010 年秋天，我和李侃如见面时，不约而同地对中美关系的前景感到忧虑。虽然两国官方强调建立战略互信，我们所看到的却是彼此的战略不信任在增加。如果长期积累起来的相互疑虑得不到澄清，中美发生战略对抗的可能性必然增加。李侃如提议，我们两人合作写一份报告，向各自政府提供信息和减轻互疑的建议。我提议，参考 1972 年中美上海公报对待争议的模式，即各自坦率地阐述本国的观点，然后以学者的身份，提出共同的政策思路。

2011 年春天，李侃如起草了报告的导言部分，我进行了修改补充。然后，我们俩分别撰写了中国对美国的战略疑虑和美国对中国的战略疑虑。我们重点描述的是政府主流观点，而不是媒体反映出来的民众观点或者知识精英的视角。我们从长期的工作经验中（特别是李侃如曾经担任过克林顿政府国家安全委员会的亚洲事务高级主任），清楚地知道各自政府的具体部门之间会有不同视角，甚至有不同观点。比如，外交部门、国家安全部门、经济部门、国防部门之间对中美关系和对方国家会有不同关注。美国国会和行政部门的不同利益为观察者所熟知；而中国的维稳部门、宣传部门对美国的负面看法和防范意识，恐怕也比其他部门要多，这是很自然的。所以，我们在表达"中国看法"或"美国看法"时，需要把握国内不同观点和视角的平衡。写作这部分的过程中，李侃如采访了美国若干部门（包括军方和情报部门）的高官。他希望，我也能采访中方的高级官员。我明确表示，两国政情不同，这件事情没法做。我只能按照自己的理解去客观、全面地阐释中国观点。

各自分别撰写的部分基本完成后，我们相互读了，做了些许修改，就准备写政策建议部分。李侃如说："我起草了导言部分，建议部分该由你来起草。"我同意了，但是拖了很长时间，也没有写出像样的东西。想来想去，我觉得应当先找出中美战略不互信的根源，才能对症下药，寻求解决办法。于是，我写了"分析"部分，建立互信的"建议"部分还是李侃如起草，我修改补充的。

其次，谈谈报告发表以后各方的反应。我们的合作报告发表后，有不少读者问："你们的报告事先得到官方批准了吗？有人向你们授意了吗？"还有美国媒体报道称："王缉思被允许大胆披露中国官方观点。"坦诚地说，我既没有事先征求官方意见，也没有刻意隐瞒这一合作项目。就像写学术文章一样，文责自负就是了。

对这篇报告的一致肯定之处，是它抓住了中美关系中的一个核心问题，即如何建立战略互信。从国际政治研究的学理层面看，一般的研究角度都是两国间的实力对比、利益考量、意识形态对立、社会制度差异等，还可以包括文化对比。但从战略互信问题展开来探讨的文章还不多。这本来不是一篇学术文章，但有年轻学者把我们列入"建构主义学派"，我听了觉得很新鲜，很搞笑，因为李侃如和我都没有考虑过我们要从国际政治理论中的哪个流派出发来写这篇东西。我也听到极少数学者批评说，中美关系中的互信问题不重要，实力较量才是最根本的，因此这篇东西没有什么意义。

无论如何，中美关系决策圈里和研究人员中，听到的多数反应还是正面、积极的。美国负责东亚事务的助理国务卿坎贝尔在报告发表之前给李侃如写了几页纸的评论。美国某外交官告诉我，国务卿希拉里·克林顿发表的若干讲话，都有意识地对这篇报告提出的问题做了回应。中国媒体的转载、引用和评论很多。据我和李侃如所知，中国官方高层虽然没有直接做出公开反应，但是相当重视。起码对我们个人之间在这一涉及政治与外交的敏感问题上进行合作研究并且提出政策建议，没有提出异议，说明这一做法还是可取的。

至于对报告的具体内容和观点，各方反应的差异就比较明显了。就我所直白表述的中国对美国的战略不信任，不少美国人表示惊讶或者闻所未闻，因为他们此前所听到的，往往是中国官方特别是外交部门关于中美关系的重视和良好期待，比如"中美之间的共同利益远远大于分歧"等。其实，我觉得自己的表述已经偏向温和、客气，没有引用"美国对华政策的实质就是西化、分化、遏制""美帝亡我之心不死"这些内部常用的语言。

中方人士里，有人觉得我的表述比官方的实际看法更乐观、更温和，而另一些人的感觉恰恰相反。负责处理对美事务的一些官员，可能觉得我坦率地披露中国对美国的负面看法，会对美国形成刺激；"唱衰"中美关系，"捅破了窗户纸"，于我们的对美工作不利。对他们来说，更应当正面强调战略互信的重要性，强调关系的积极面。有的高级官员向我指出，中美在外交决策和操作层面的相互沟通，近几年更加密切、频繁、通畅；不管是朝鲜问题、伊朗问题，还是世界上的其他紧迫问题，一有危机发生，中美官方立即接触，深入交换看法，力图弥合分歧。这等于是委婉地指出，中美战略互疑上升的判断值得商榷。

无独有偶，不久前退下来的美国国安会亚太事务高级主任贝德公开发表谈话，说近年来的美中关系不是那么糟糕，历史上一些时期的双方互不信任程度远远高于现在。贝德在同我的个别交谈里，也暗示对这个小册子的基本倾向不大以为然。2010年初，我公开发表了关于"中美结构性矛盾上升，战略碰撞不可避免"的言论。美国有的高级官员托人带过话来，劝我少说这种"乌鸦嘴"的话。

在天平的另一面，有些评论者认为，我描述的对美国的看法"不够味"，太低调。一位自称是参加过朝鲜战争的志愿军老战士的读者给我写信，夹带了他给《参考消息》相关报道的批注。他在信中说，你直率地让美国人知道中国人对他们的反感是对的；中国人不但应当怀疑美国，而且根本就应当把美国看成敌人！在这本小册子出版后，我遇到中国军方参与对美工作的一些官员，他们的观点没有这位志愿军老战士这么极端，但也强调，看美国不是怀疑其战略动机的问题，而是根本不能信任美国，不应当对美国怀有任何幻想。看看美国在中国周边的所作所为，就知道它对我们的遏制是实实在在的！可以说，对很多中国人（包括一些政府高官）来讲，建立中美战略互信是完全不可能的。中美矛盾是对抗性的，不可调和的。我和李侃如把问题坦率地摊开，"打开天窗说亮话"，也许有好处，省得遮遮掩掩的。既然对抗不可避免，就去积攒力量，丢掉幻想，准备斗争。这同美国芝加哥大学教授约翰·米尔斯海默的看法，其实是非常接近的，只不过政治立场完全相反。

总之，这个东西写出来之后，各方反应不一。当然，当着我们的面，还是说好听的人多。我们是想从整体上把事情点透了，点得比过去更透。比如，现在国内的主流看法，是中国决不能走美国式的民主道路，不能接受西方宣扬的普世价值。就是说，从发展道路上说，我们同美国是分道扬镳的，不是朝着同一个方向。虽然官方不宣扬"中国模式"，但是我们讲中国道路，而且它是有世界意义的。我们并没说别的国家要学"中国模式"，只是说中国开辟了不同于发达资本主义国家的另外一条路，不走你们那条路。如果真是这么想，就印证了许多美国人的看法。在他们看来，你走另外一条路，对未来全球秩序就可能构成一种威胁，对美国当然更构成一种政治威胁。

再次，这份报告发表后，中美战略互疑在继续加深吗？我的答案是肯定的。我们的报告是 2012 年 3 月发表的。此前，习近平副主席 2 月对美国的访问很成功，反响很好。与此同时，却发生了王立军叛逃到美国驻成都总领事馆的事件，接下来是薄熙来被撤职和薄谷开来谋杀英国公民的案件被披露。这一连串事件和美国媒体的相关报道，给美国人观察中国和对华关系带来了相当大的负面影响——美国人看到的中国阴暗面更多了，对中国的疑虑加深了。后来，又发生了中国和菲律宾在南海的纷争和钓鱼岛危机，中国公司华为、中兴和三一重工在美国并购投资遇到政治障碍，美国总统候选人在竞选演说中把中国当成美国经济不景气的替罪羊，等等。中国的许多国际评论认为，在中国周边国家同中国闹矛盾、缅甸政局发生重大变化等事件背后，都有美国"黑手"在挑拨煽动。奥巴马政府鼓吹"重返亚太"，更被视为是围堵、遏制中国的战略举措。

2012 年 5 月初，中美第四次战略与经济对话开始之前，发生了中国"维权律师"陈光诚滞留美国驻华大使馆的事件，差点把这次对话搅黄了。中美双方最终把事情比较妥善地解决了。事后，有两个美国官员分别跟我说，美方如此处理王立军和陈光诚事件，说明他们没有要给中国政府添乱的意图，应当有助于减轻中国的战略疑虑吧？我回答说：你们还想表功吗？中国人会想，这些跟政府作对的人，怎么个个都往美国使领馆里钻，不往别的国家的使领馆跑？还不是因为美国是跟中国敌对的国家？所以，中国对美国的疑虑不会因为这些事情而减少。

这一段时间里，中美两国媒体，包括越来越活跃的社交媒体，都渲染了中美关系中的消极一面。比如，2012年9月份希拉里·克林顿国务卿访问中国，是她任期内最后一次访华，中方对她的接待规格很高，胡锦涛主席、温家宝总理、李克强副总理分别会见了她。据中国主流媒体报道，胡主席历数克林顿国务卿的7次来访，称赞她积极推进上海世博会美国馆的建设，推进美国学生留学中国计划的落实，所有这些都表明她"对中美关系的重视，为推动中美关系发展做出的努力。我们对此表示赞赏"。但是，《环球时报》却发表社评，对来访的希拉里·克林顿严加斥责，冷嘲热讽。美国媒体则指责她到北京"磕头"，一事无成，还让中国人奚落，并就习近平副主席因特殊原因没有面见克林顿而传播不实信息。

我认为，中美互疑加深的主要表现是现在的舆论气氛跟过去很不一样。在上个世纪80年代到本世纪初，中国舆论的主流都是希望搞好中美关系。当出现危机的时候，比如1989年北京政治风波、李登辉访美、北约轰炸中国驻南联盟使馆之后，媒体都会对美国表示强烈愤慨；但一旦危机得到缓解，中美领导人实现互访，加强对话，媒体会表示高兴和出现新的期待。现在不同了——你要是从正面去评估中美关系，说中国应该尽力去稳定对美关系，在媒体上肯定是不受欢迎的。直率地说，两国都有一些人，包括在政治上有一定影响的人，盼着中美关系恶化。对于某些舆论载体来说，中美关系中的好消息没有卖点。你说应该加强战略互信，他们会说怎么能信任美国？信任美国的人，不是汉奸卖国贼就是脑残；美国仇视中国，围堵中国，怎么可能信任中国？所以，中美怎么可能有互信？当然，外交部门还是主张要加强互信的，但有些人拿所谓的"民意"说事，想达到某些政治目的。在这样一个舆论氛围之下，人们顾忌"政治正确性"，理性的声音自然受到压制。

实际上，中美互疑主要不是外交问题，而是政治问题。有些人怀疑或者断定，王立军事件、陈光诚事件都是美国在背后搞鬼，美国想把中国搞乱。在他们眼里，美国人是全世界一切坏事的总根源、总后台。中国要维稳，最大的隐患就是美国。美国要西化、分化中国，支持"台独""藏独""疆独"，支持非法的宗教组织，构成对中国意识形态、社会制度、国家统一的威胁。应该说，由于国内某些方面的不稳定因素增加了，这些疑虑是在加深而非减轻的过程中。对中美军事交流的顾虑，在叙利亚等问题上的态度，都跟这样的政治疑虑有关。

最后，谈谈中国外交政策的走向与国际环境。我研究中国外交路线的演变时发现，中国外交是"十年一变，逢九而变"（即到尾数是 9 的年头就有较大变化）。2010 年，我在一个座谈会上发表了这个预测，认为 2009 年中国外交出现了一个朝向强势

（assertive）的转折，而且将一直向强硬的方向发展。今天看来，这个预测可以找到理论依据与事实依据了。现在，强势外交已经取得了部分进展，比如在钓鱼岛和黄岩岛的领土争端问题上。同时，中国在军事上也加强了打一场局部战争的准备。

中国强势外交的基础，是更加强大的实力、更高的国际地位，以及国内更强烈的民族主义和爱国主义。民族主义和爱国主义的上升，同国内媒体给公众提供的有关国际问题的信息和观点比较单一有关，也有国内政治方面的考虑和利益。

中国强势外交引起的国际反应可能有两种。一种反应是，外国更加畏惧中国力量的崛起，同时希望从中国的快速经济发展中得到更多好处，所以它们必须实现自我调整和对华政策的调整，学会向中国妥协。它们不会像过去中国的周边国家那样，对中国称臣纳贡，但不敢开罪中国，有时甚至主动向中国示好。另一种是同中国有矛盾的国家之间相互接近，构成某种无形的统一战线或者协调行动，对中国形成战略牵制。现在，日本、菲律宾、越南、印度等国，某种程度上还有澳大利亚、韩国和其他少数东盟国家，已经在往这个方向走。它们自然而然地想把美国拉到它们一边，而美国也自然而然地要利用它们同中国的矛盾。

实际上，这两种反应同时存在，而且可能在同一个国家同时存在，因为这个国家内部有不同利益集团，有的主张对华示好，有的主张对华强硬。美国就是一个典型的例子。美国一方面担心中国经济滑坡，另一方面又担心中国军事和政治崛起。总的来说，美国对中国越来越不放心，防范措施越来越多。

30 年来，中美关系的定位已经发生了很大变化。在邓小平和江泽民时代，中美关系是重中之重，要努力建立面向 21 世纪的中美建设性伙伴关系。实际上，是争取"往前走"，把中美关系搞得更好。现在，中国领导人提出中美要发展新型大国关系。说得直白一点，新型大国关系就是避免像第一次世界大战前的英国和德国、二战前的美国和日本、冷战时期的美国和苏联那样，陷入相互对抗。可以说，中国的目标现在定在了"不倒退"，防止中美关系变得更坏。

同过去不同的是，一二十年前的中美关系越来越经济化，而现在的中美关系出现了军事化。中美关系中的政治问题怎么会变成军事问题呢？从中国对外关系的历史看，这是值得注意和忧虑的。中苏两国刚开始交恶的时候，基本上是争论意识形态问题，比如国际共产主义运动和社会主义阵营的领导权问题，斯大林的评价问题、怎么看待"南斯拉夫修正主义"等，后来经济关系也变坏了，苏联撤走了援华专家和援建项目。结果是持续不断的政治和意识形态争端，最终演变成军事问题，在珍宝岛打了一仗。在政治关系好的时候，边境和划界不是问题，更没有军事冲突的可能。政治分歧如何一步步发展到军事冲突，很值得研究，以便吸取教训。最近，我们北大国际关系学院有一篇硕士生写的论文，研究的是 1962 年新疆伊犁、塔城等地区发生大批居民逃往苏联的事件。本来，这是新疆内部发生的群体性事件，中方指责是苏联人挑动的。这次事件之后，中国和苏联开始在军事上相互警惕。中印、中越的边境战争，其根源也不是边境问题本身，而是政治关系恶化。后来，中国和苏联（俄罗斯）、越南、印度改善了关系，边界问题或者迎刃而解了，或者平静下来了。中日之间的钓鱼岛争端很早就存在，但到了这两年才发酵，明显是政治因素造成的。值得担忧的是，钓鱼岛问题已经发展为军事问题，中日关系也开始军事化了。

从中美正式建立外交关系到1989年，中美之间的军事合作有了很大进展。1989年北京政治风波以后，美国中断了与中国军事高层的往来，但那个时候也没有想到这两个国家以后会有军事上的冲突。一直到1996年中国大陆针对李登辉搞"台独"，在台海进行军事演习，美国派两艘航母来"示威"，才出现了军事对抗的危险。实际上，中美在军事问题上的矛盾也是从政治开始的。由于"台独"和美国介入的危险，2000年前后中国军方提出"立足于早打、大打、强敌介入"。当时，许多人认为，台湾问题似乎不可避免要使用军事手段来解决。从那个时候开始，两国开始相互作为军事假想敌。

我认为，从根本上说，中美两国政治体制的性质和军队性质，决定了中美两国目前的军事关系状态。因此，很难消除目前双方互为假想敌的状态。这可能是所谓"建构主义国际关系理论"可以适用的地方。中美军事上必然对抗的想法是"建构"出来的。本来，对抗与否是可以改变的，但是如果越来越多的舆论和决策者、研究者从哪个方向去想问题、做准备，趋势有可能会朝向哪个方向发展。

在两国互信不能建立、互疑逐渐加深的情况下，中美关系如何处理，如何再往下走，这是需要认真研讨的。例如，中美遇到海上或空中的突发事件，是否会引发军事冲突？这种冲突会不会进一步扩大？美国国防部不少人有这样一种警告：中美之间不互信，军队接触少，特别是在操作层面，两军缺乏危机预防的机制。倘若如此，2001年中美撞机事件就随时有可能发生，并且转化为军事和政治危机。

另外一个问题，在亚太地区，中美会不会形成是敌对的零和格局，面临什么样的战略选择？从目前情况看，中美在军事方面是不可能互利共赢的。美国前总统克林顿在与我的一次谈话中说，中国在经济总量上超越美国是不可避免的。美国只要把国际秩序和规则安排好，自身还可以继续发展，没有什么可担忧的。但中国要想在军事上超过美国，就另当别论了，言外之意是美国肯定不能允许这样的情况发生。卡内基国际和平基金的中国军事专家史文说，美国军方高层的内心想法是，中国在其沿海发展一支更为强大的海军是没有问题的，但是如果中国海军想穿越第一岛链、第二岛链，跑到冲绳、关岛、夏威夷附近去游弋，那美国在太平洋的军事优势就不复存在，美国军方接受不了这个现实。美国把整个西太平洋都看成自己的势力范围，不让他国染指，这种心态很难改。我们冷静地观察，知道现在中国肯定还没有实力去挑战美国的海洋霸权。但是，想不想拥有这种实力？这是需要自己回答的问题。

中美两国对"亚太地区"这一概念的理解有所不同。中国人讲亚太地区，基本上讲的是中国及其周边国家，特别是东亚地区。但美国人讲亚太，是把他们自己包括进去的，美国西海岸洛杉矶、旧金山都是亚太地区的一部分。奥巴马说，"我是美国的第一位太平洋总统"。这个概念理解上的反差是有政策含义的。比如，中国人说，我们同邻国的领土争端不要"区域外国家"干预，同时也说希望美国在亚太地区发挥积极作用。美国人则怀疑中国想当亚洲霸主，把美国挤出亚洲。美国事实上认为，在整个西太平洋，包括东北亚和东南亚，它是霸主，不是"区域外国家"，担心其霸主地位受到中国的强力挑战。现在，它不太甘心的是，中国大陆是东盟、日本、韩国、朝鲜、蒙古、澳大利亚等本地区国家和中国台湾地区的最大贸易伙伴，而美国在这一地区的经济影响力日趋下降。如果将来以中国为核心搞出一个与欧盟类似的经济集团，美国会感到非常警惕和担忧。

（秦晓：大西洋这个概念也是美国提出来的，欧洲人与美国人都讲北大西洋联盟。冷战结束后，有没有这样一个趋势？欧洲国家认为你不是我的一部分，将来我自己可以解决自己的问题。北约的前景是继续强化呢，还是没有这个趋势？）

我认为，法国一直是主张欧洲更加独立于美国的；德国在经济上想做大，在军事安全方面还是依靠美国，同美国越走越近；美英联盟绝对是牢不可破的，虽然相互关系并非天衣无缝。欧洲与俄罗斯不会闹翻，欧俄关系总比美俄关系要亲近一点儿，其中德俄关系最好，法俄关系次之，英俄关系一向疏远。欧洲的复杂性还在于欧盟有许多小国，对俄罗斯深深地不信任，它们总希望把美国拉进地区安全体系，防范俄罗斯或者其他国家的威胁。我最近去了一趟巴尔干半岛。克罗地亚等一些小国从表面上看都已经很美国化了。地域上，这些国家靠近西欧，但在海岸边上住的许多有钱人都移民到美国去了。我接触到的克罗地亚人说，万一国家安全上出了问题，我们是北约成员国，可以向美国求助。这些国家有经济上和安全上的双重保障，一个是欧盟，一个是北约。克罗地亚受到什么安全威胁呢？它原来是南斯拉夫的一部分，后来同以塞尔维亚人为领导的南斯拉夫打了一仗，独立出来了。经过几次国家分裂，现在的塞尔维亚只剩下700多万人口了，原来那么大的一个曾经辉煌的南斯拉夫，现在弱小多了。克罗地亚人说，如果塞尔维亚不打我们，就没有人会打我们了。南斯拉夫原来是受俄罗斯支持的。现在连塞尔维亚也想加入欧盟。美欧之间固然有矛盾，但是共同利益和共同价值观远远大于分歧。因此，在可预见的将来，大西洋联盟不会崩溃，北约不会解体。

还回到我们前面说的亚太地区。以前，中美潜在冲突的焦点是台湾问题，但目前在台湾海峡发生军事对峙的可能性很小，除非四年以后，民进党上台大力推进"台独"。中日钓鱼岛问题、在南海同越南和菲律宾的纠纷、朝鲜核导弹问题，都有可能引发中美军事对峙以致冲突。也就是说，除了台湾以外，中美现在至少还有三个潜在的冲突点。在两军之间建立互信交流的机制和预防冲突的机制，显得越发迫切。

　　我和李侃如在这份报告中有一个简单提到但没有深入下去的问题：有没有可能在东亚地区建立某种安全机制，或者军备控制的协议？这个问题几十年来就一直没有着手进行。因为美国有盟国，所以这样的协议是多边的，而不仅仅是中美双边的事情。目前，这样的军备控制协议是在纯粹理论阶段，操作性的方案还没有出来。如果中美两国和一些其他国家的军事力量按照目前这种趋势发展下去，那么地区内的军备竞赛恐怕是不可避免的。也可以说，这种竞赛已经在进行之中了，起码中日之间的军备竞赛已经出现了。双方都认为，自己是防御性而不是进攻性的。如果不加以控制，下一步会发生什么？

　　（王缉思，北京大学国际战略研究中心主任、
北京大学国际关系学院院长）

王波明　中美互疑无解

　　在我看来，中美关系主要是两条线索：一是经济领域的关系；二是地缘政治方面，或者是安全方面的关系。

　　在经济领域的关系，主要是中美两国之间的贸易和投资。贸易关系嘛，不用说了，中美两国间的贸易是全世界最大最重要的贸易关系。而投资关系方面，这两年中国对美国的投资开始提速。据了解，中国正在准备签几十亿美金的对美投资项目，这也是帮美国创造就业机会，尤其是在基础设施方面。但投资规模大了，也会招致美国方面的非议。人家说，你这么大规模来美国投资，是不是又想影响我们？其实，投资基础设施，是最不妨碍美国利益的。基础设施投资属于时间长、收益低的领域。世道不好的时候，既不好脱手，又搬不走。美国人自己都不愿意碰它。因此，中国人进入基础设施领域，这是真帮美国的。但就这点儿东西，美国方面也不买账。中国的投资在美国国会经常被看作是非常负面的，或被认为是要占美国什么便宜。当然，可以理解的是，美国是多元化社会，一开始不够了解，质疑的声音多一些，也是正常的。另外，从过去中国的招商引资到现在美国需要引进外资，这样的一个角色转换，也需要一段时间的适应期。总的来说，中美两国的经济关系方面，互相之间的打打闹闹会变成常态，但是也不会出什么大不了的事儿。因为对于两国政府来说，都是利益导向，这在操作中倒也好办了。

两国间最难的问题还是地缘政治方面，处理不好，就很容易擦枪走火。官方总是说，中美关系互惠大于分歧。但在实际做的时候却不见得，还是你不信任我，我也不信任你。包括领导人和社会大众之间的感受，都是说一套，做一套。我现在感觉，在不同的意识形态框架下，根本没有可能建立相互之间的信任，甚至还有可能演变成经济领域的不互信。这是最可怕的后果。所以，我认为，如果地缘政治方面出来的一些摩擦，只要能不出格，最后不至于失控，能达到这个目的就已经不错了。其他情况，诸如想解决中美之间的互信问题，基本上是无解的。（王缉思：还能坏到哪儿去呢？我经常会想你说的这个问题，如果军队真的擦枪走火倒也好了。因为真的擦枪走火了，双方就要冷静了，都要非常克制，就像以前的撞机事件一样。但现在的问题，就因为不擦枪走火，所以总有人等着擦枪等火；我心里也是等着，等着真要有一个什么大的危机出来，双方就稳定下来了。但是，现在不出这种事，就只好接着吵。）

剖析中美两国不互信的根源，可能还是在于两国的意识形态不同，再加上一些偏见长期得不到释疑。现实中，美国社会对中国的一些偏见由来已久。媒体总是在那儿忽悠，对中国连篇累牍的负面报道，让美国民众怎么了解中国？从薄熙来事件开始，《纽约时报》又来了一篇干部子弟经商的报道，都是头版头条。美国的社会公众是被媒体引导的，而且美国国会是非常在意这些民意的；国会议员有一半从来没出过国，就看媒体上那些东西，从电视到报纸连篇累牍。美国社会对中国的不信任，传导到国会那边就会形成偏见。

美国政府可能还理智一点儿，知道什么事能做，什么事不能做。但国会给政府施加压力，包括汇率问题等。希拉里说过，在国会的压力下，政府只能顺着走，大方向是左右不了的。如果整个美国社会对中国的评价都是负面的，政府就很难跟中国特亲近，特友好。经济方面应该出不了大格，也就是打来打去；政治这边的确有问题，如果能不失控，就已经很不错了。这次我去美国，接触到美国社会各个层面的人，就形成了这样的印象。

同时，我也确实看到，两边的交流是实实在在地多起来了。包括布鲁金斯学会的会议都拿到中国来开。现在，真是一个小圈，一个大圈。小圈是研究机构、政府，它们可能还了解点儿中国，能够理性地分析问题；大圈是美国公众、国会，国会那帮人头脑简单，惯于捕捉民意，并对所谓共产党国家充满了成见。（王缉思：我讲一个小故事。最近，陈光诚跑到驻美使馆去，使馆也不敢做主，就汇报到国务院，问：是收他还是不收他？信息到了希拉里·克林顿那儿，也在犹豫之中。陈光诚那边的代表就说："如果你不收留陈光诚的话，我就打电话给《纽约时报》。"其实，就是要给你报出来。到了这份儿上，就不能不收了。如果他真报出来，中国的一个人权活跃分子跑到美国使馆，美国使馆把他拒之门外，还给了中国政府，你说他能受得了吗？奥巴马对这件事情非常生气，又不能不处理，王立军的事还没弄完，怎么又出了这个事？）

在中国这边，王立军和薄熙来的事都过去这么长时间了，美国那边又开始热起来了，今天上了《华尔街日报》头版，明天上了《纽约时报》头版。你就说陈光诚那个事，中美政府都觉得完满地把这事解决了，但对于美国民众来说，所形成的对中国的负面印象实在是太大了。对共产党国家的敌意，这种意识形态的东西，已经非常深地植根于美国社会当中。

（王波明，中国证券市场研究设计中心总干事、
《财经》杂志总编辑）

陈兴动　两种文明的冲突

　　刚才你们都讲到，目前，中国和西方的的确确存在很多矛盾冲突。过去，我在做路演的时候，美国人还表现出对中国的友好，因为那时他们不懂中国。现在，好像不是那么友好了，很多在国外的中国基金经理也觉得现在不是很舒服。我想谈三点看法。

　　第一，中国人这种势头起来以后，让美国、欧洲感到一种巨大的心理压力。这个心理压力有两个层面：第一个层面，过去的一种比较优势逐渐消失掉了，优越感没了；第二个层面，富起来的中国人越来越多的财大气粗的表现，在国外产生了一种巨大的冲击，使得外国人既爱钱又恨中国人，纠结得厉害。比如，我有一个客户的太太在意大利开有一间品牌店。她说："我恨你们中国人，但我又不能把你们中国人拒之门外。一天，我把店门打开，老老少少的中国女人进来扒拉我的包，我心里恨哪！可是，我这一天能卖出 50 个包，就只好由着你们扒拉去吧。"在她眼里，中国人缺乏教养，就是个暴发户。像巴黎的老佛爷百货商店，全是中国人在排队，不等上 3 个小时，都进不了那个店门。你再看国外的餐馆，中国人在那里大声喧哗，高谈阔论，完全不顾及别人的存在。穿着也极不和谐，上面穿西服，下面却穿旅游鞋。还有，在全世界到处都是中国人，避都避不开，什么地方都有。两三个礼拜以前，我有一个客户在美国新墨西哥州圣塔菲，总共不到 10 万人口的小城镇，竟然看到了一堆的中国人。中国人为什么到了那个地方呢？据说，这里是美国第三大艺术品交易中心。你看，现在世界上凡是有钱的地方，全是中国人聚集的地方，但中国人花钱方式和行为的影响却非常不好。

在西方人看来，中国人的文明程度至少落后了 50 年。我觉得，富起来的中国人还没有文明化，跟西方的价值观产生了巨大冲突。我不知道还需要多少年的时间，要么提高我们的水平，融入西方文明，要么把他们的文明程度给拉回来，就合我们的水平；否则，这种冲突无法解决。

第二，中国经济出现转折点，引起西方国家的极大关注。从经济角度来讲，从 2008 年开始，美国和欧洲有一种非常强烈的思潮，认为中国是全世界经济的火车头。中国经济对世界经济增长的贡献度大概超过 30%。这样巨大的力量，使人们觉得全世界都得依靠中国，全世界都害怕中国经济增长掉下来。但是，这两三年以来的中国经济，特别是今年以来的经济增长有一个大问题，让他们越来越多地意识到中国经济可能不行了。过去 10 年的平均增长率为 11%，这还是官方的指标，如果非官方的，差不多到了 13%～15%。而现在，经济增长的速度降下来了。过去是全世界依赖中国，我们可能在经济上还能得到点儿好处；同时，中国持续的高增长，给美国和欧洲都提供了机会。现在，这个优势没有了，特别是王立军、薄熙来事件，陈光成事件，对中国一系列负面影响在不断增大。

西方社会的经济界和金融界认为，中国存在三个问题。第一，中国现在不是民主社会，民主社会还没有到来，这个过程叫权力家族化。权力变成山头，山头之间只有在非常狭小的边界内进行协调。第二，中国官员的腐败问题。权力家族化加上官员腐败，必然导致社会不公平，法律不公正，在经济上讲，是收入分配不公。他们不知道中国这个社会如何和谐发展。以前，共产党统治中国，完全靠着经济高速增长获取合法性，在滚雪球的过程中带走了很多问题。现在的经济增长慢了下来，雪球内部的问题可能就会暴露出来。内部出现了问题，要是解决不了的话，加之中国既不是民主社会，又没有强人政治，中国人很有可能在外部聚集起来。（王波明：过去10年经济增长率为10%是各种原因形成的；现在8%，大家也都认为是可以持续的速度，但西方却把这当成一个很大的事儿。何迪插话：西方认为，这是一个转折点。应该就是拐点来了，中国从此进入中等收入陷阱，包括老龄化社会的到来等一系列问题，最好的日子过去了。）第三，如何认识和理解中国。几个月以前我在芝加哥，戴维请我吃饭。我没想到来了好几个人，大家在讨论一个问题。他们的观点认为，中美之间终究会有一战。我的观点比较孤立，除了一位嫁给美国人的中国姑娘站在我这边以外，其他美国人都持这种看法。

我说，从根本上讲，中国人是商业民主。我让他们思考，如果两个男人同时爱上一个姑娘，英国人会采取什么办法解决，美国人会采取什么办法解决，法国人会采取什么办法解决，中国人又会采取什么办法解决？显然，他们肯定都没想出来。我说，既然你们想不出来，那我告诉你们答案：英国人会争论，说你配不上这个姑娘，只有我才配得上这个姑娘。两个人争来争去，一直争到其中一个男人认识到我真的不配这个姑娘。法国人会采取挑逗的方式，手捧鲜花在外面等着，看看我有多少魅力把姑娘争了去。你们美国人不就是打一仗吗？把你打趴下了，这个姑娘就归我了。中国人则很简单，"我们到外面去讲，兄弟你要多少钱就可以把这个姑娘让给我？"就是一个交易。

现在回过头来看，中美之间、中国和欧洲之间，有没有可能协调矛盾？中美之间过去的外交都是讲利益交换，中美之间要避免冲突，避免未来的一仗，需要讲的是"价值"外交，在价值上有没有可能协调。最近，有一个美国参议员和我在早餐会上讨论，让他们感到郁闷的是，中国人到美国去留学，学业结束后回到中国政府工作，结果成为来美国的中方谈判代表。最让他们不能理解的是，这些人比那些在中国的人的反美情绪还要高。他说，你们共产党那套东西比宗教还厉害，要么是利益把他变成不得不说，要么是意识形态把他洗脑了。

（陈兴动，法国巴黎证券（亚洲）有限公司
董事总经理兼首席经济学家）

吴晓灵　重视改革的价值取向

　　尽管具备相同的价值观，人家也不一定把你看成绝对的朋友。比如苏联已经彻底放弃了社会主义，美国并没把它看成朋友。但是，不同的价值观的确是最基本的底色。我觉得，美国现在对中国最担心的，就是中国的价值观。我总在思考，为什么像韩国、日本、新加坡及我国台湾地区，都是儒教文化、东方文明，它们就能够嫁接西方文明，唯独我们就这么难？2008 年以后，中国的对外形象急剧下降，除了我们的经济实力剧增让他们感觉难受外，还有我们的文明程度比较落后，让他们感到不舒服。

　　我认为，中国现在的文明状态，很大程度上，是受到 10 年"文革"的影响。"文革"把整个价值体系、人的道德水准降到了极低水准。在"文革"之前，中国人还是有点儿教养的，起码懂得礼貌、礼仪。这 30 多年来，与注重发展经济相比，忽视了中国传统文化、礼仪的熏陶与培养。与此同时，中国人在短时期内一下子富起来了，钱多得不知道怎么花了，暴发户的心理使人表现得没有教养。

其实，西方国家并不惧怕东方文明。日本不就是一个东方文明嘛，韩国、新加坡和中国台湾地区也都是东方文明，美国并没有从骨子里头怕他们，美国从骨子里怕中国什么呢？真正让他们感到害怕的是中国的政治取向。当中国的经济实力崛起之后，仍然固守传统的意识形态和僵化的政治体制，中国将来的政治取向没有确定，法治体系没有建立起来，就像吴敬琏老师说的，中国有可能走向权贵资本主义，而不是走向法治的市场经济。这些基本政治规则的不确定性，让他们感到害怕。（何迪：就是秦晓讲的，一个没有现代社会价值观念支撑的崛起大国让人害怕。）他们不知道中国会怎么样行事，中国下一步要干什么。

我一直说解决问题的价值取向非常重要。然而，很少有人会去琢磨这个问题。为什么呢？每一个决策者都不愿意给自己找麻烦。他不会先做一个价值取向的判断，然后该怎么做，就怎么做；只要这个事能够平稳地维持下去，他就不会主动寻求改变。但是，如果在某一个方向上出了问题，他就要解决问题了。在现阶段，价值取向非常重要，是为下一次的改革铺平道路，还是为今后的改革制造障碍？我认为，在问题导向的背后，有一个价值取向的问题。

（吴晓灵，第十一届全国人大财政经济
委员会副主任委员）

马 骏 利用外部力量推动人民币国际化

最近，我参加几个会，都是在跟英国人讨论在英国搞人民币离岸市场的事情。其中，涉及一个很有趣的问题，就是美国人不喜欢在美国搞人民币离岸市场，但其他国家和地区都有很大兴趣。英国伦敦已经开始搞人民币离岸市场，中国香港已经搞得很热乎了，新加坡也开始搞，中国台湾地区也再搞，日本最近也在提，就是纽约没有提。这反映出美国有一种反弹的情绪，不光是商业方面的东西，也有政治层面的东西，也有不愿意看待人民币崛起、美元作为国际货币地位衰落的"情结"问题。这一点，在我与美联储、财政部官员和学者谈话中都能感受到。

我们跟英国人谈这个事情，可以发现英国人完全是从做生意的角度。当然，英国历史上就非常开放。上世纪五六十年代，伦敦就搞美元的离岸市场，为美元的国家化做出了很大贡献。现在他要帮中国人来干这个事，要搞一个人民币的离岸市场，甚至要搞全球最大的人民币的外汇市场，因为它看到了人民币的潜力，看到人民币离岸市场可以为其金融带来的巨大利益。英国的金融基础设施比中国香港还要强，它做外汇等其他金融交易的客户群体要比香港来得大，所以伦敦成为国际最大的人民币外汇离岸市场的潜力是存在的。另外如果美国不愿意搞人民币离岸市场，伦敦则正好成为最大的受益者，因为今后美国的人民币交易都可能会在伦敦做，因为伦敦和纽约的部分工作时间是重合的。

另外，我最近参加世界经济论坛的"国际货币体系"议程委员会的讨论，来了十多个国家的代表，包括许多发展中国家的，绝大部分都对人民币国际化持支持和欢迎的态度，对人民币的需求很大，许多发展中国家对人民币的信心比我们国内的决策者还要大。因此，我觉得，需要注重借助外力来推动人民币逐步取代美元地位。这个外力其实很大，除了美国之外的所有国家都是我们的外力，出于它们自己的商业利益，会帮助人民币在海外形成人民币市场，推动人民币的国际化。即使美国人不太情愿看到人民币国际化，但它对此历史大趋势基本上也是无能为力的，看不到美国会有特别的措施来阻挠人民币的国际化。没有必要对美国的反弹过于顾忌。

当然，也还有些外国人在讲，我为什么要持有人民币？中国的法律不健全，很多东西不透明，我就很害怕，很难相信持有你的货币是安全的。如何解除这些担心？香港和其他离岸市场其实可以起最大的作用。如果说，中国的法治体系还不健全，但通过离岸市场，就可以把"国别风险"跟汇率风险区分开来。

具体手段就是把人民币的许多交易放到香港去做，放到伦敦去做，放到东京去做。投资者就会发现，这些交易全都是按他熟悉、相信的当地的法律体系来规范的。如果有争议的话，当地的法治体系就帮你仲裁了。这样一来，他持有的就只是一个货币，而不是货币背后的国家风险。

当然，人民币国际化不能完全靠外部的力量，内部的改革开放也是极为重要的。从自身角度来看，中国应该加速开放资本项目和资本市场，为全球提供足够的人民币的流动性和投资工具；要减少政府的随意行政干预，让全球市场对中国政策的确定性有信心；在企业层面，商业行为要讲诚信；等等。

（马骏，德意志银行（DB）大中华区
首席经济学家）

张燕生　中国崛起之后的应对

　　在一个酒会上，我向一位哥伦比亚大学金融学的教授提了一个问题。按照汇率计算，中国经济超过美国一定会在某一个时点上发生。这个时点是哪一天，有人说得早，有人说得晚，但一定会在一个时点上发生，就是说中国的总量会超过美国。我问这位金融学教授，当中国的GDP超过美国以后，以这个时点为原点，中国的GDP增长可能会有三条曲线：一条曲线可能是7%，一条曲线可能是2.5%，还有一条曲线可能像过去的日本，是零。你觉得，中国未来长期的增长力会是多少呢？这个教授非常快地回答我说，中国经济的长期增长速度会降到2.5%。

　　也就是说，以中国超过美国这个时点为原点，如果中国还能保持7%的增长，中国的相对规模就会越来越大，中美之间人均收入的水平就会越来越趋同。你就会发现，在民族的心理和价值观的取向方面，美国的强势地位就会改变。在这个图景下，美国的精英层一定会有一个想法，就是如何能够让中国的长期增长曲线像日本那样，降到2.5%，或降到零。因为

"美国要永远当老大"。换句话说，就是不能叫任何一个国家挑战美国的全球霸主地位。

2010 年，中国 GDP 超过日本，现在日本的 GDP 还是 5.9 万亿，中国的 GDP 已经超过 7 万亿。前两天，我向一位日本朋友问了一个问题：中日之间有三个问题总解不开，一个是主导权，谁在东亚当老大；一个是历史问题；还有一个是领土问题。中日之间怎么能坐下来把这三个问题解决好，东亚地区的区域合作才可能有一个新的开始。后来，日本朋友明确地讲，这三个问题实际上已经变了。承认你中国是老大，你就会面临一个挑战：如果你当老大，你就要承担东亚老大的责任和义务。他问，中国做好准备了没有？你能不能担当这个责任？实际上，核心的问题就是中国在东亚成为老大的时候，是不是做好了这种老大的准备。这是一个很大的挑战。

从 2009 年起，中美之间的战略发生很大变化。一个是 TPP，一个是 USITEC，发生了一系列的故事。过去，美国要求中国开放市场，如要求中国工业部门的关税减让到 9% 的水平，还要进一步降。现在，美国不要求你开放了，中国工业部门的关税减让到 7%，减让到 5%，而美国人说我对你的开放没兴趣。现在，美国要解决的不是不公平竞争，而是要解决你国内的劳工标准问题、环境标准问题、知识产权保护标准问题、自主创新问题、政府采购问题、国有企业问题、产业政策问题等。

中国人应该怎样对待 TPP 呢？中国人对待的正确方式就是怎么把坏事变好事，也就是怎么能够把美国推的 TPP 压力转化为动力，把打造高标准的 FPA 模式接过来。中国能不能把打造高标准的 FPA，作为中国下一轮推进改革开放的动力，像 WTO 那样。第一，就是怎么能够把中国大陆、台湾、香港、澳门打造成高标准的 FPA？在两岸四地，按照国际通行规则和法治建立起高标准的市场经济规范。第二，东亚地区大国之间能不能搞一个实质性开放和高标准市场经济规则？包括投资、贸易、服务。第三，有没有可能跟美国、欧洲、印度谈高标准 FPA。也就是说，用这个压力促使中国来完成长期以来没有形成的规则和法治体系。

（张燕生，国家发改委对外经济研究所所长）

牛 军 政策研究不能被极左的外宣绑架

"中美战略互疑"是对当前中美关系本质特征的基本概括，用"最大公约数"来形容这个概括更恰当一些，它能不能全面概括中美关系中的结构性问题等已经达到的深度，还有很大的探讨空间；特别是用"互疑"能否准确解读中国人尤其是决策集团到底如何认识中美关系，还可以进一步讨论，这种讨论肯定更有助于对中美关系的理解。例如如何分析和界定中国决策圈内对美国的敌意达到的程度，就是一项值得推进的研究课题。中美关系涉及的领域实在太多，特别是不同中国人群的认知差异太大。例如仅仅将中国官方和领导人正式表达过的定义——从"中美战略合作伙伴关系"到"美国亡我之心不死"，简单地说就是从友好到敌人——列成一个光谱，中间不知道有多少五花八门的不同观点和看法，而且自相矛盾，很难找到内在逻辑。这种现象对国内外一般的公众来说当然是无法理解的。

美国方面近年来的战略怀疑在上升是不争的事

实，大概内容就是中国能不能长期坚持和平发展，中国会不会在亚太地区打一场局部战争，以及越来越担心中国国内政局的不确定性会导致难以确定的后果，等等。客观地说，中国的国家战略是否在被国内力量牵动，我也认为已经到了需要认真对待的程度，当然这对我只是一个学术问题。在这里不妨提出这个问题：如果考虑今年中国对外政策的剧烈变动，我们就相信中国走和平发展的道路是确定无疑的吗？如果不少中国人都不敢确信，外国人还会坚定不移地相信？

设计中国国家战略的思潮出现变化是个事实。《国际观察》2012 年第 5 期刊发上海一位著名学者的文章，提出中国应谋求"霸权"，只不过不能通过与美国对抗的方式实现。清华也有著名学者表示，中国可以将"与美国平起平坐"确定为目标来调整外交政策。也有外交部门的官员对中国世界地位表达乐观的判断，说现在世界上解决什么问题都需要中国，出了事情就要听中国的意见。发表这样的见解不论是基于严肃认真的思考，还是为了迎合听众的激情表达，都表明一种趋势、一种思潮正在或已经形成，很多人因为国家实力的上升而希望根本改变国家战略。实际上，"中华民族的伟大复兴"这个口号同样包含改变中共十二大以来国家战略的内在逻辑，因此这个口号非常值得关注和讨论，它的内涵需要尽早解释清楚。

我在几年前曾经提出，21 世纪的中美关系就是"一种相互依存不断上升的竞争关系"，中美之间的竞争将主要体现在亚太地区，即"双方需要不断调整在亚太地区的相对地位"。这个地区的潜在冲突很多，各种关系互相交错，极为复杂，中美关系会受到双边关系之外的各种地区问题的冲击和影响。近几年的发展证明这个定位是合理的，中美在亚太地区的相互竞争凸显正成为常态。

客观地看，自 2009 年以来，在亚太地区"竞争"成为中美关系中越来越突出的内容，主要原因是中国方面发生了重大变化，而不是美国方面的相关政策出现了重大变化。在观察和判断中美相互竞争日益凸显的趋势时，不应只看美国的战略，必须要更加关注中国国家战略、中国统治集团的战略思维和利益团体的操作方向等正在出现的变化。中国战略趋势出现了从"和平崛起"向谋求地区霸主，甚至是全球霸主的方向移动的明显倾向，尽管还不能说是非常明确的和不可逆转的。我们需要认真思考，中国的国家目标是不是在发生重大变化？中国领导人到底是如何界定中美关系的？在认知水平大幅提升的今天，不能再一如既往不加论证地断定中国是一个凝固的从不变化的坐标，而变动的只是外部世界，中国只是在心怀善意地做出回应，因为这不符合事实。例如，我们需要具体一些地分析和定义中国人观察外部世界的坐标到底是什么？这个坐标是不是在发生变化？当我们认为日本在"右移""右倾"时，有没有可能是因为中国社会思潮和公众情绪在向"左移""左倾"？

一个需要厘清的事实是，对中国而言，一个时期以来中国保持与美国合作的方针到底是不是战略性的，或者说只是一种策略而已。邓小平在 1980 年代初期曾经明确地说过，中国谋求与美国合作的政策是战略性的，他针对的就是有人说那种政策是策略性的、临时性的。到江泽民执政后期，与美国合作的政策的性质似乎在悄然发生变化。1999 年，发生了美国在南联盟的"炸馆事件"，江泽民用了"卧薪尝胆"一词，这在逻辑上将争取与美国合作的政策解释成策略性的和一种权宜之计，尽管官方文件中继续说要建设全面合作的伙伴关系，以及近来提出还要建立新型大国关系等。所以，我们的领导人内心深处到底如何定义中美关系，很值得深究。

中国的传统媒体，尤其是最具代表性的《环球时报》总是这样向读者解释中美关系中出现的矛盾与冲撞，它们喜欢说发达国家的诸多言行是因为中国崛起导致它们的不适应，于是对中国产生了敌对情绪，或者说是"嫉妒我们"，就像美国的新保守主义者们说世界在"嫉妒美国"一样。国内反美舆论总是在借用美国右翼的话语和逻辑是一个很有趣的现象，他们不太喜欢美国左翼自由派的话语，如"人权高于主权"。

当 2009 年以后中国在东南方向面临的安全压力迅速升高，而又不愿或无力做深刻检讨时，不仅传统媒体高调宣传反美民族主义，在一个个研究圈子里也出现了美国"阴谋论"盛行，即美国所做的一切都是基于"搞垮我"或"亡我之心不死"的"阴谋"。中国周边一些国家对中国不满被解释成美国煽动的结果，是美国牵制中国崛起的阴谋。10 年来，传统媒体在中国公众心中树立了一个美国的"敌人"的形象。国内有不少精英认为，在钓鱼岛问题上，是通过全民努力迫使中国政府改变了过去的软弱立场，才有了强硬措施来改变日本对钓鱼岛的行政管辖权，这是一个胜利。问题是要达到目前这样的状态或曰"胜利"，需要在国内如此大动干戈吗？即使有些人提出要缓和同日本的关系，也是因为他们认为"对日斗争要适可而止，因为我们的主要敌人是美国"。

总而言之，"中美战略互疑"这个概括在中国有着重大意义，即在探讨中美关系这类全局性问题时，必须要关注中国政策的变化，不能理所当然地认为中国的战略是一成不变的，以为只要研究美国的政策或揭露美国的阴谋就可以了。这包括需要对以下两个问题进行讨论：第一，是中国而非美国的政策在发生有可能是战略性的变化，目前中国政策的这些变化到底有什么含义；第二，中国现在已经形成了多类利益团体，而中央的权威正在逐步下降，这对中国外交将意味着什么？中国的政策研究应有意识地避免被传统媒体中的民族主义意识形态喧嚣所绑架。

（牛军，北京大学国际关系学院教授）

张清敏 关键在于我们自身的不确定性

从经济的相互依存度、社会联系的密切程度、政府合作的机制化程度，以及合作领域的广泛程度看，今天的中美关系不仅是有史以来最为密切的，也是当今世界其他双边关系所不能比的。但是，两国之间的信任缺乏成为制约两国关系发展的关键因素，引发政府和学界广泛关注。王缉思、李侃如的报告是比较全面系统的分析。我觉得双方之间对对方定位不清，处理双方关系时缺乏明确的战略和目标是不可忽视的原因。不能把希望寄托在美国方面有根本的改变，而是应该从中国的角度看待和思考这个问题，弄明白当今中国的国家利益、中心工作和国家大战略是什么？外交在这个大战略中处于什么地位？把中美关系放在中国外交的大布局中，有针对性地处理两国之间的互信缺失问题。

第一，中国国内工作重心和战略目标越来越缺乏共识。改革开放后，中国调整了国内外战略目标，把工作重心转移到经济建设上来。适应这个变化，外交的根本任务一直强调为国内经济建设创造良好的国际和周边环境。40年来中国经济建设取得了重大成就，中美关系的稳定是良好周边环境的重要方面，外交工作功不可没。如果过去的目标是发展经济，如今我们经济强大了，崛起以后怎么办？中国国内追求的目标是什么，仅仅是为发展而发展？是维护国家领土主权安全为中心，还是以发展国内经济为中心，还是维护社会政局稳定为中心，不同的国内工作中心需要不同的大战略，不同的大战略对外交工作的期待和要求也有所不同。随着中国崛起实现后，在什么是国内工作的中心问题上越来越缺乏共识了。

第二，外交在国家大战略中的地位决定了中美关系在中国外交布局中的地位。革命时代的外交和建设时代的外交追求的目标不同。改革开放以来，维护中美关系的稳定一直是与中国国内的中心任务和国家大战略高度一致的。为此，中国把中美关系看作中国对外关系中的重中之重，增加信任，减少麻烦，发展合作，不搞对抗，稳定中美关系是中国对美国工作的目标。如果经济建设仍然是中国工作的中心，外交仍然以创造良好周边环境为己任，那么维护中美关系的稳定就仍然非常重要。如果国内工作中心，或国家的战略发生了大的或根本性的改变，维护稳定的中美关系就不一定与中国的核心利益完全一致，建立两国之间的信任既没有必要，也不可能。

第三，对于中美之间缺乏互信的原因也需要深层次的分析。在利益和观点多元化的背景下，中美之间信任缺失的原因和状况有所不同。一些信任缺失可能是了解不够,这种状况可以通过加强联系、扩大交流、增加共识加以解决。另外一些互信缺失只是一种表面现象,如两国直接负责双边关系的职能部门应该非常了解对方,他们之间互信缺失会随着双方国内形势的变化有不同的表现。最令人担心的是,双方之间各有一些力量和部门,并不认为两国关系的稳定发展与实现国家的战略目标是一致的,甚至认为互信的缺失有益于促进国家主要目标的实现,那么互信就成为不可消除的障碍,而且还可能进一步增加。对于这种情况,研究如何增加互信就是徒劳的。这种状况需要的是强有力的部门来协调立场,统一认识。

中美之间的互信缺失并非交流不够,了解太少,缺乏机制,或机制出了问题,而是一个比较复杂的问题。解决中美之间的信任缺乏问题,需要明确中国国内的工作目标,明确国家战略布局,把外交工作放在这个战略布局中去思考,把中美关系放在外交大局中去处理,从战略高度协调不同部门的利益和观点,从战略高度看待和处理两国之间的信任缺失。

(张清敏,北京大学国际关系学院教授)

张沱生　发展中美关系必须增信释疑

一、这一合作研究重在研究彼此对对方的认知，得出的结论坦率、深刻、及时，对于中美致力于建立新型大国关系和相互尊重、平等的伙伴关系十分重要。要处理好中美关系必须加强合作、控制冲突、减少误解、培养与发展战略互信。其中第三、四条非常重要，但却是双方研究与探讨较少的。这一问题解决不好，对前两个方面都将有重大影响。

双方的战略怀疑有些是有根有据的，将长期存在，如互疑的第一来源（"不同的政治传统、价值体系和文化"，也许还应加上一些确实存在的利益冲突，其反映的是双方结构性和深层次的问题），对之主要是进行危机与冲突管理。但也有一些互疑是缺少依据、带有偏见的，或是出于缺少了解，对于这些战略误解、误判，搞清楚了，将有助于两国的领导人及民众加强对对方的真实了解，有助于双方适当调整相关政策，有助于减少合作的阻力，降低冲突的可能性。作者所言的战略互疑的第二、三类来源（对对方决策过程与机制理解和认识不够、对双方力量对比变化的不同认识），是可以也完全有可能通过双方的努力使误解与怀疑逐步减少与降低的。

二、两位作者有一个共同观点，即相比较而言，由于历史的原因及中国仍处于弱势地位，中国对美国的怀疑度更高些。我赞成这一看法。但这也说明如果要想改善与发展中美关系，中国也许可以更有作为。中国对美国的某些战略怀疑或认识基本属实，是由双方仍存在的战略利益分歧所决定的；有些战略怀疑或认识曾经是有根据的，但随着形势的变化，已经不够客观、准确；还有少数战略怀疑与认识从一开始就未必准确，甚至并非是领导层的认识，但囿于国内政治，在公众舆论压力下，却成为了一种"政治正确"。我们的领导部门及专家学者，如果能在后两方面多做些解疑释惑的工作，我们的对美政策就可能得到更好的执行，并产生更好的效果。

我认为中国更可以有所作为还基于一点，即对中国自身政策的了解。中国不想与美争霸，不想与美进行军事竞赛，并真诚希望与美建立起新型大国关系。因此，只要中国坚定不移地走和平发展道路，并坚持与之一致的对外政策，美国对中国的许多不实猜疑就可能逐步消除。

三、两位作者提出的五个方面的政策建议（涉及经济贸易、军事战略、网络安全、小多边对话、公众情绪）中肯、务实、有见地。在未来一段时间内，两国的智库之间完全可以就其进行更深入的探讨。在此，我仅重点就第二、第四两点建议谈一点支持的意见。

首先，关于"军事战略"。要想减少两国的战略怀疑，保持和发展两军对话非常重要。长期以来，中美两军关系与其他方面的关系相比，明显滞后，战略怀疑最深（是最为"最坏前景"所支配的领域），合作最少，因而最易成为两国摩擦的牺牲品（动辄即被停止，历史上已有六七次）。然而，以辩证的观点来看问题，在一定条件下，也许最薄弱的环节恰是最有潜力发展的环节和最有可能取得突破的环节。在当前与未来，要想打破中美战略怀疑的现状，减少双方的误解，这是一个值得双方下大力气的领域。由于存在着"三大障碍"和"三大差距"（军力差距、任务差距、体制差距），我非常赞成增加与采取"2＋2"的方式（"有高层政治领导人参与，与各自军方一起"）来加强两国的军事安全对话，并使两军的对话能长期保持下去。两国军事安全对话的目标应是使这一领域的误解逐步减少，使双方的共同利益可以通过切实的合作不断发展，使双方确实存在的尖锐分歧（主要在传统安全领域）得到有效控制（通过建立与发展 CBM、建立与完善双方之间的危机管理机制、建立有别于美苏及美俄之间的战略稳定机制）。

其次，关于举行"小多边对话"。我认为，无论从改善中美关系还是从加强地区安全着眼，举行一些包括中美在内的三边对话，都是有意义的。这既有益于减少国内对他国联合对付我的担忧，又是更加有所作为的表现，我们完全应该有信心搞好这些对话。此外，我一直认为，如果中美日举行三边对话，这可能为未来我与美双边军事同盟开展对话打开希望之窗。

美在亚太地区的军事同盟仍将长期存在，这是我必须面对的一个现实，与其对抗不如对话，道理就这么简单。我们的目标应是通过相关通话，争取在非传统安全方面开展合作，在传统安全方面加强危机管理、避免冲突，最终目标则是促其转型。当然，要使这些对话较快取得成果决不容易，但这不应成为不作为的借口，没有尝试怎么知道就做不成？中国争取和平崛起就是史无前例的创举，做这样的大事业必须有新思维、新手段，并要有勇气进行种种尝试。

四、不久前看到美前官员贝德发表的一篇文章，文章专门谈了他对中美安全困境和"互疑"的看法。他认为由于奥巴马的对华政策立足于三个基础。由于台海形势的明显缓和（许多人恰恰忽略了这一点），由于在南海问题上中国正在积极地与其他声索国开展对话，由于美国并不会像不少人认为的那样必然衰落，由于美国回归亚洲并不是要遏制中国，他不认为两国的"互疑"处于历史最高点，并认为中美关系目前处于一种相当好的状态。在一定意义上，我赞成他的看法，因为他是从积极的角度来看待中美关系的，他的许多认识与分析也比较符合实际。但遗憾的是，当前在中美两国都有许多人，包括一些重要官员，他们并不这样看待中美关系，而是持有非常消极的看法。因此，我认为，严格地讲，贝德的看法与两位作者的看法并不相悖，二者是相辅相成的。

五、《中美战略互疑：解析与应对》发表之后，也听到一种说法（在中美两国都有），即中美不可能建立起真正的战略互信，战略互疑才是两国的现实，因此双方应致力于管理两国竞争本身而非消除战略互疑（裴敏新4月的文章对此观点有专门的论述）。我不赞成这种看法，如果读了二位专家的文章只是得出这样的结论，显然是有悖作者的出发点的，何况他们也从无否认进行管理的必要性。在此，我就加强战略互信提三点看法。

第一，对于战略互信的定义不应做过于狭窄的理解。在中美之间，如果能做到相互尊重对方的核心利益，清楚并相信对方的底线，积极着手建立必要的CBM，愿意并能够在有共同利益的领域积极开展合作，这就是战略互信。以此标准来检验，应该说，通过多年的交往与磨合，中美双方已经建立了一定的战略互信（包括在台湾问题上，在某些地区热点问题和非传统安全问题上），虽然其程度远未达到双方满意的程度，也尚不足以保证两国关系稳定、持续向前发展。

第二，不应以危机与冲突管理取代建立战略互信。两者都将长期存在，是一种相辅相成的关系。如果只强调前者，显然对中美关系过于悲观，是将中美关系等同了当年的美苏关系（现在的中美关系不是争霸的敌对关系；"你中有我，我中有你"，利益搅在一起；双方还共同面临着重大的非传统安全挑战）。但是如果只强调后者，又过于乐观，脱离实际，一旦做不到，或者遇到较大挫折，就会动摇，甚至迅速转向前一种观点。其实，长期以来，中美两国都对对方采取对冲的政策，都是以两手对两手。在全面建立起战略互信之前，这将是难免的，关键在于从长远看，哪一方面的因素是主要的并越来越强大，最终起到主导作用。

第三，针对战略互疑这一严重阻碍中美关系发展的大问题，两位作者强调了减少与消除误解的极端重要性，我非常赞同，但除此外，还有一个非常重要的方面，就是机遇管理的问题。事实上，现在中美双方有着广泛的共同利益，有着许多合作的机遇，如果都能抓住，使合作不断扩大，不仅将大大有助于消除误解，更将有助于加强战略互信。也许两位作者下一步能就此问题再写一篇，想必会引起人们同样的兴趣与重视。

（张沱生，中国国际战略研究基金会
学术委员会主任）

秦　晓　增加合作　减少互疑

进入本世纪之后，中国的崛起打破了冷战后美国独霸全球的格局，中美关系的重要意义也因之而凸显。中美关系是中国现代化进程中一个最大的外部变量，更为重要的是，它在很大程度上决定了世界未来的走向与前景。我想，这正是王缉思与李侃如两位学者关于"中美战略互疑"对话的背景。两位学者用一种冷思维的理性态度的对话为我们展现和揭示了中美两国关系的特征、问题及其深层次的背景，在形式上也是一次颇有新意的尝试。

中美关系有经济、政治、文化（价值）三个相互关联又具有不同特征的层面，需要根据每个层面的问题及三者的相互关系进行研究，提供政策建议。

在经济层面双方是合作、竞争和摩擦的关系。合作是主流，因为双方的互补性加大了"非零和博弈"的成分，同时作为全球经济的两个最大的利益相关方（stakeholders），它们是合作产生的全球效益最大的受益者。竞争则反映了崛起和现存的两个超级经济大国对发展空间、国际经济秩序、规则的话语权、主导权的争夺和较量。这种争夺和较量会从商品市场扩展到投资品、金融、服务、高科技等领域，会从市场提升到秩序和规则。当然，在可以预见的未来，中国所要争取的是它应得到的话语权，而不是与美国争夺主导权。摩擦有国际市场规则下的纠纷，也有双方国内利益集团的压力和掣肘。所以，在经济层面尽管双方存有互疑，但不是主导，合作、竞争和摩擦会成为一种常态。理性的选择是扩大合作、坚持规则下的公平竞争，减少政治因素产生的摩擦。从战略上讲，美国应接受中国经济崛起的现实，中国应客观地认识虽然在规模上可以超过美国，但在综合经济实力上特别是技术创新、人力资源方面与美国仍存在较大差距，警惕"崛起后的自我错觉"。更为重要的是对现存国际经济规则应持参与、合作、改革的态度，而不是颠覆和另起炉灶。

政治层面的核心问题是全球治理，即国际政治秩序及国际组织的主导权和影响力，也包括地缘政治。由于中美在全球治理中，特别是全球公共产品的提供有许多共同的利益，中国并未挑战二战后建立起的以联合国为代表的国际组织和国际规则，双方都选择了合作的态度，即所谓"合作伙伴关系"。但这种"合作"既有实质性的一面，也有策略性、工具性的一面，不是真正建立在战略互信的基础上。

国际关系是国家利益的交集，在地缘政治上中美的国家利益已出现冲突、对抗的交集点；在全球政治舞台上，中美在全球治理的理念和政策上也存在较大的分歧和差别。国际关系是国内政治的延伸，国内政治体现为制度，中国自上世纪 80 年代启动的改革开放是制度的变革，但在美国眼中，中国依然是另类。因此，中国可能构不成美国现实的敌人，但不能排除它是一个"潜在敌人"的可能性。中国的现代化进程步履艰难，在制度变革、观念更新方面不断受到国内、国际各种思潮、力量的影响，未能显示出一个明确的指向和路径。目前在中国兴起的"中国模式论"、国家主义、民族主义、民粹主义等传递的信息使中国不仅在国内拒绝现代社会价值和现代社会制度，而且要在全球建立中国版本的全球秩序、规则和价值体系。尽管这种论调不代表中国官方和精英的主流，但其产生的国际影响，加深了已经存在的中美战略互疑。

在文化和价值层面，两国的差异一是表现为不同文明之间对价值、社会秩序认识上的差异，这种差异从本质上不应是对抗的、互不相容的，也不可能完全重叠，只能在一个开放、多元的社会中，通过交流、碰撞、相互尊重促进融合与演进。二是表现为传统与现代的区别，如冯友兰所讲"中西之争的本质是古今之辩"。中国依然处在从传统社会向现代社会转型的过程中，尊重自己的传统文化，从世界文明中吸取新的元素，以建立现代的价值观念和社会秩序应是中国现代化进程的指向和内在逻辑。而美国所面临的问题则是后现代社会的问题，马克斯·韦伯揭示的"工具理性与价值理性"之间的张力依然存在。美国远远不是一个人类向往的平等、正义、和谐、幸福的社会，美国需要走出视自己为人类最美好的文明和社会的误区，对其他文明和价值应多一些尊重和温情。三是中国现代占主导地位的阶级斗争意识形态与现代社会价值的紧张关系。前者以阶级属性定义价值观念和社会制度，并拒绝人类文明发展形成的现代社会价值和现代制度，而后者则被西方一些政客和学者政治化、绝对化，排斥价值取向和社会制度的多元性和多样性。

在中美战略关系中，贯穿上述这三个层面的还有三个重要因素需要给予特别关注并做专门研究。

一是中国崛起过程中内生问题的外部性效应。中国的崛起更多地表现为经济增长的速度和形成的规模，而在观念、制度方面，即现代国家的建设上则是滞后的。中国作为一个开放的大国，其崛起产生的影响是全球性的，这种带有传统成分的观念、制度不仅会阻碍中国的现代化进程，它所产生的外部性也必然会影响到中国的国际关系，特别是中美战略关系。

二是以美国为代表的西方国家具有对内的民主、法治和对外的帝国、霸权两个面相。尽管从价值观和制度上也可以找到两者的内在联系，但总体而言，中国与非西方的国家和人民很难将这种善和恶视为一体。因而，这也构成中美战略互疑的一个重要因素。美国在维持全球秩序、处理国际争端上应依靠国际组织、秉承国际关系准则，通过外交方式，而不是单边行动、采用双重标准、诉诸武力。

三是在中国的崛起过程中，民族主义、民粹主义、国家主义的兴起。作为一个被西方打压了百年的民族，它具有合理性和正当性，但从本质而言它是非理性的、反现代化的、反国际化的，对之应予以警惕。而美国政治家、美国民众长期已形成的唯我独尊的观念和非友即敌的思维方式也是中美战略互疑的重要因素。

以上我从经济、政治、文化（价值）三个层面及贯穿这三个层面的三个重要因素探讨了中美战略互疑存在的原因及特征。结论是中美战略合作具有实质性的基础，但战略互疑则会成为常态，并可能导致对抗。这两种走向在很大程度上取决于双方对自身问题的反思，对对方问题的理解。增加合作、减少互疑是一个次优的但现实的选择。这种选择是否能变成现实则取决于政治家的判断、社会精英的智慧和民众的理性。

（秦晓，原招商集团董事长）

朱 锋 中美战略竞争与东亚安全秩序的未来

2012 年是尼克松访华 40 周年。这 40 年间引导中美关系变化和东亚地区安全秩序调整的最突出变量为因两国间实力对比缩小所致的"权力变更"（power shift）。"权力变更"导致两国关系逐步累积起了以往 40 年所难得一见的"结构性紧张"（structural tension）。可以肯定，中美关系已演变为某种"战略竞争关系"。东亚区域安全构造的未来将很大程度上取决于中美在亚太地区究竟以什么方式进行并管理彼此间的战略竞争，以及区域内的其他国家究竟如何对中美间的战略竞争做出选择。

中美关系的性质正在发生第三次重大变化

随着中国的崛起，中美关系从基本性质到彼此关注的"问题领域"、从互动模式到目标设置都在不断调整变化。从 1972 年尼克松访华一直到 1991 年冷战结束，中美关系的核心内容是通过战略接近共同应对苏联的全球战略扩张。这 20 年间的中美关系可界定为"共同威胁驱动"。

1991 年苏联解体、冷战结束，让中美关系大背景发生了重大转换。随着苏联这个"共同威胁"的消退，中美之间开始成为一种"非敌非友"的关系，80 年代时被掩盖的分歧——人权和政治制度问题迅速上升为两国关系的主要问题。中美关系也迅速成为了一种"双边议题导向型"关系：在经济社会领域，中美是伙伴；在人权领域，中美互为批评者和攻击者；而在台湾问题上，中美则有可能为敌。中美虽视彼此为"另类"，但因两国实力仍存在巨大差距，双方充其量仅为"有限对手"。

2001 年中国加入世贸组织，恰逢美国发生"9·11"事件。随后 10 年发展进程令双方认知和心态再度出现重大变化。这 10 年中，中国经济高速增长，军事实力也明显跃升；而美国则相继陷入阿富汗战争、伊拉克战争及 2008 年的金融危机。尽管中美实力对比未发生实质性变化，但双方实力差距缩小使中国民间民族主义情绪高涨。中国按捺不住的强国意识以及媒体中的"反美主义"，让美国感到急需在安全战略上重新"定义"中国。

2011 年 11 月，美国奥巴马政府宣布"亚太再平衡战略"是其全球战略重心的又一次重要调整，也标志着中美关系在发生第三次重大变化。两国开始超越传统"双边议题导向型"的关系，正在变成越来越具有地缘战略、地缘经济、地缘政治竞争为导向的关系。美国担心中国对外战略动向会具有更大的不确定性和挑战性，而中国则担心美国是否在加紧"围堵中国""扼制"中国发展。中美战略竞争的帷幕已经不以我们意志为转移地拉开了。如何面对中美关系性质的变化应迅速成为中国政策界和学术界共同努力的长期性研究课题。

中美战略竞争关系：定义与预测

中美战略竞争关系的产生是国际体系中权力再分配的必然结果，也是国际权力结构变化后"安全困境"深化的必然产物。中美的战略竞争关系是美国担心中国挑战美国亚太地区战略利益的产物，更是美国在亚太地区自冷战结束后一贯采取的"美国优先"战略的必然结果。

此外，一系列基于国内政治利益和政治因素所激发起的中美"战略互疑"，同样造成了两国在政策和战略层面竞争性一面显著上升。中美双方国内政治所形成的知觉、认知和偏好，往往对中美关系中的观念结构和政策互动产生重要影响。尽管中美业已形成了强大的经贸、金融和社会联系，但随着美国越来越关注国内经济，中美经济领域内的竞争性不断扩大。经济因素在中美关系中的地位也在发生"质变"，从传统的两国关系中的"稳定器"，逐步转向既合作又竞争的领域。因而，中美之间的战略竞争关系是两国关系中的结构因素、国内政治因素、社会因素以及两国在全球经济结构中的市场因素的综合体现。

在全球化时代，分析中美战略竞争关系应搞清两国各自的战略诉求、国内政治及东亚地缘政治的结构性特点。从两国战略诉求看，中国将继续坚持"和平发展、互利共赢"的对外方针；而美国则是需要承担全球自由主义秩序主导者的角色。从国内政治角度看，美国会对中国崛起充满战略忧虑，对中国的社会主义道路总带有根深蒂固的排斥；中国正处在国内深刻转型中，"转型国家"的内在压力和矛盾常常使得中国缺乏对外交和战略主题深思熟虑的判断，外交行为的"反应性"特点较为突出。事实上，美国担心中国崛起是否会带来中国的"攻击性"，同样也担心区域内国家与中国的领土和安全争议激化与中国的对抗，从而导致区域内破坏稳定、和平与合作的"不确定因素"的上升。中美作为彼此都对地区稳定与繁荣负有特殊责任的国家，其战略竞争即便是"结构性"的，仍然难以演变为传统意义上的"大国对抗"，也不可能是争霸进程中的"新冷战"。

　　未来长时期内，中美战略竞争关系将主要表现为以下几方面。第一，美国全面加大在亚太地区内与中国进行战略博弈，插手中国周边事务，强化以军事同盟体系为基础的战略、外交与经济存在，力图"压制中国"和"看管中国"。两国恐将可能在亚太某战略节点问题上长期僵持，彼此都无法将自身诉求单方面强加于对方。此点在诸如南海领土争议和维护朝鲜半岛无核化等议题中均有所体现。第二，中美直接军事冲突的潜在爆炸点不断扩大，彼此对威胁认知的层级在不断上升。美国在加紧以中国为"假想敌"，为未来中美之间在东亚发生军事冲突做战争准备。对美国的战略分析家们来说，中美有可能发生直接军事冲突的诱因已经从台湾问题扩大到了朝鲜半岛、东海、南海。此外，太空和网络领域也是中美竞争的潜在冲突领域。第三，美国为指挥和调动亚太均势体系朝"制衡中国"方向发展，支持和纵容区内部分国家的"修正主义路线"。这不仅会威胁中国国家安全，也可能导致区域安全的持续动荡和紧张。第四，中美战略竞争的核心为中国希望在东亚赢得安全、尊重和自身合法的领土和主权利益，而美国则以影响、限制和塑造中国的行为和选择为目标。两者能否协调将决定中美关系走向。奥巴马政府亚太"再平衡战略"的根本目标希望"重塑中国"：既给中国周围树立强大的"力量屏障"让其勿"轻举妄动"，又通过开放的经济、社会和政治系统让中国"按规则办事"。此外，美国有可能抛弃"对华接触"政策，重新寻求改变中国的政治道路。

尽管如此，战略竞争并不是中美关系的全部。中美关系"既竞争又合作"基调难以根本改变，但复杂性和不确定性不断上升，中美两国"管控争议和危机"的需求更为迫切。

中美战略竞争关系：影响东亚安全的基本方式

中美在亚太区域内的未来战略竞争必将带来亚太安全秩序新变化。东亚安全的核心问题是：在中国崛起的现实之下，中美如何保证各自核心却有节制的战略利益？如何共处、共生、共荣？如何在中美间找到"竞争却非敌对"的互动模式？未来东亚安全秩序的核心是稳定的中美关系，而实现路径则包括与地区内国家战略选择有关的一系列问题。

问题一，地区内国家到底如何对待中国和美国？以往东亚国家的"战略套路"是不选边，现变成经济与安全"双轨制"，即经济上离不开中国，安全上倒向美国。美宣布"亚太再平衡"以来，一些区内国家纷纷表示欢迎，但这并不意味着其愿见到中美冲突或者与中国为敌。中国实力上升、中美战略竞争关系的出现和深化以及主权领土争议所产生的持续紧张并未根本改变区内国家同时希望和中国保持友好与合作关系的现实政策，也并不意味着亚太国家愿意改变90年代以来不在中美冲突中"选边"的战略需要。

未来东亚区域安全秩序究竟是稳定还是动荡，与中美关系的性质状态有直接联系。然而，尽管中美两国在地区举足轻重，但地区安全秩序的未来已前所未有地与所有区域国家的选择联系在一起，包括中美两国。中美均已无法单独塑造、主导或影响地区秩序。亚太地区已出现"经济的亚洲"和"安全的亚洲"。"两个亚洲"的存在目前符合东亚多数国家的期待。美国若无同盟国支持、防务伙伴的配合，以及区域内大多数国家追随，其对遏制中国的企图将"有心无力"。同样，若中国欲维护自己海洋权益、排除美国干扰，不仅需要建立"新型大国关系"，增进中美互信，更需让"十八大"报告所提出的海洋强国战略得到更多的周边国家的认同、理解和配合。中美战略竞争关系的未来，说到底取决于北京和华盛顿谁更能够为亚太带来稳定、合作与繁荣。

问题二，中美战略竞争是否有利于其他地区安全热点问题的解决，是否将带来地区现有安全利益冲突的恶化？2012年9月以来的中日钓鱼岛争议升级；2013年1月24日朝鲜宣布进行第三次核试验；南海领土争议深化。这些事件正将东亚安全秩序拉入冷战结束以来前所未有的新变局。这一新变局的核心问题是如何面对二战后的东亚条约体系和冷战后的东亚安全秩序。钓鱼岛纷争和韩日独岛争议凸显二战后美国主导的东亚条约秩序的私利与丑陋。在东亚区域安全的这场变局中，美国既是"获益者"，也是"受害者"。一方面，美国作为亚太地区秩序的主导者，并不乐见东亚国家"一团和气"。南海、东海的领土争议以及朝核问题都给美国提供了在战略上牵制中国的"抓手"。此外，只要中国在领土主权问题上坚定捍卫自己利益，区域内的国家就会担心中国要搞扩张，转而"投美制华"。而另一方面，如果美国一味地在"制华"问题上纵容、迁就一些国家，就会给亚洲带来新的冲突。因而，事实上中美仍在维护东亚安全秩序中存在着无法割舍的共同利益。

问题三，中国自己到底准备怎么办？面对美国的"战略东移"，中国当然需要发展自己的军事和战略能力，以便尽可能地应对来自美国的战略压力。但一个国家的战略竞争能力并非简单的军事装备和国防能力，战略设计、规划和执行能力、立足于提升中国国际形象和增强对外影响力的外交能力，同样也是战略能力建设不可或缺的一部分。特别是在外交手段的运用上，如何实现眼前利益和长远利益、周边外交和大国外交的结合与协调是中国外交需要思考的重要问题。限制中国外交更新和升级的诸多问题说到底是中国目前治理体制的局限性。

中美在亚太地区的战略竞争，将会实实在在地表现为两国在区域内的影响力之争。然而，中国和美国主导的同盟体系是什么关系？在中国维护地区的稳定和我们自身海洋权益、领土争议问题上，如何实现双边和多边手段的结合？这一系列问题都需要我们拿出新的答案，实现中国外交和安全战略从观念、体制、心态等诸多方面的及时调整。

问题四，美国在"亚太再平衡"的道路上到底会走多远？奥巴马政府的"亚太再平衡"战略不仅本身充满争议性，该战略"剑指中国"的意图十分明显。美国因之给中国传信——中国想要利用美国陷入国内经济低迷的空当，谋求地区战略势力扩张的道路是行不通的，美国有能力阻止中国有可能破坏亚太地区现状的举动。该战略也给亚太地区的其他盟友传信——美国不会因中国崛起而削弱对亚太事务的投入，也不会谋求任何形式的"中美共治"或者 G2 形式的两极体制。美国仍然是制衡中国崛起中最积极的因素。从这个意义上来说，这标志着美对华关系上的"变轨"——对华政策的首要战略目标不再是换取中国合作和防范中国政策的不确定性，而是防范中国的挑战，遏制中国的战略利益扩张，支持东亚国家

"抵御"来自中国的"伤害"。

为进一步实施"再平衡"，美国将继续扩大在东亚的战略与军事优势。五角大楼正在谋划在亚太地区建立海基和陆基的导弹防御系统，这势必给中国有限的战略威慑力带来冲击。美国过多地依赖军事强势，刻意搅动东亚均势格局，挑战了中国的国家安全，也煽动了中国的民族主义情绪。

中美关系与未来的东亚安全秩序

中美的战略竞争虽然给中国保障主权、安全与发展这三大核心利益带来了新的战略压力，但主动权依然在中国手中。中国能否尽快提升战略规划和政策应对能力，理性务实地规划和执行中国的外交和安全政策，主动和建设性地塑造东亚安全新秩序，对重建中美两国战略互信具有重要意义。中国是否能主动求变，加速自身转变，正在成为塑造东亚未来安全秩序的关键因素。

首先，中美可以是战略竞争者，但中美并非注定是敌人。在迎接中美战略竞争这一新时代时，中美两国都需要深化这种"非敌"的意识和信念。这是防止中美关系造成东亚地区安全动荡，甚至出现地缘政治分裂的关键。中美关系在本质上是国际体系中的结构性关系。这一关系的复杂性不仅仅是"主导大国"与"崛起大国"的关系，更重要的是，两国国内的竞争性政治、观念和利益因素，常常让中美关系的基本性质变得"模糊"而又富有"争议性"。中美对彼此的战略动机和意图都存在着显著的疑虑。然而，中美不应该互相为敌。一个崛起的大国以现有国际体系中的主导性大国为敌，本身是一种战略错误。而主导性大国如果非要把崛起大国"逼成"敌人，更是时代性的错误。中美互利共赢的伙伴关系论述，应该成为中国今天对美政策思考的中心话题。这同样也是中美两国建设和践行"新型大国关系"的意义所在。战略竞争关系的特殊性就在于，中美两国的强力部门，例如军队和情报系统，都会依据"最坏的可能性"来准备各自的军事任务。但这并不等于两国的政府和人民需要敌对。国际关系在很大程度上与人类的社会关系是一致的。在社会生活中，人与人之间的"竞争者"关系非常普遍，但如果把"竞争者"都当成敌人，不仅将造成恶性竞争、激化冲突，更有可能让我们自己的路也越走越窄。

其次，在东亚热点问题的缓和与解决的进程中，中美既有竞争的一面，更有互利合作的一面。中美两国能否在竞争的同时，加深两国在塑造和影响地区安全冲突性问题的缓和与解决进程中的相互协调与合作，将对中美战略竞争关系能否得以积极引导、风险管理、避免误判和提升战略互信等发挥关键作用。即便中美存在着越发明显的战略竞争态势，但彼此都愿意从东亚地区稳定、和平与繁荣中获益，因而决定了中美在强化地区稳定、消除朝鲜半岛核扩散、阻止日本右翼极端政策动向等问题上具有重要的合作利益。对于日本未来的战略动向，中美两国有必要加强合作，共同遏制日本右翼政治势力对东亚安全秩序的挑战。同时，在东亚安全稳定与合作的进程中，中、美、日三边关系的建设性互动至关重要。因为目前的钓鱼岛和南海争议而否认美国存在的积极意义，或者只是功利性地追求在钓鱼岛问题上的"联美反日"都是战略上的短视行为。"太平洋足够宽广，容得下中美两国"。落实这一领袖指示能够为今后的中美日稳定关系寻找新的基础和路径。简单地把美国视为中国周边各种问题背后"幕后黑手"的心态，同样只会误导中美战略竞争。因为争议性问题而将美国越来越视为亚太地区"多余存在"的心态只会加深美国对华疑虑，被视为中国想在亚太称霸。

再次，在可以预见的将来，中美在亚太地区的战略竞争，依然还是一场相当程度上极为显著的"非对称性"的竞争。在中美战略竞争的"反应—再反应"过程中，中国将长期处于"被动"和"应付性"的状态，而美国则将长期处于主动和优势地位。换句话来说，中美在亚太战略竞争的本质并不仅仅取决于彼此的军事力量对比，而更多地取决于彼此在区域内的影响力和战略资源的动员能力。美国作为东亚传统的主导性国家，多年来军事与经济纽带，历史、社会和价值纽带，不可能仅凭借中国经济影响力的扩大而被取代。事实上，中美战略能力对比依然存在巨大差距，对此中国学术界要保持清醒头脑，这是一方面。另一方面，中国学术界更需要破除在战略竞争中"唯实力论"的迷思。未来决定中国在中美战略竞争中的主要因素，除了力量对比之外，更重要的是中国的战略规划、执行和运作能力，中国不仅需要学会有效化解和合理处置发展过程中遇到的各种问题，也要不断更新自我体制、观念和政策有效性。那些相信"只要中国强大了，各种国际问题就可以迎刃而解"的逻辑是站不住脚的。

最后，中国要树立有限的目标，不能一味按照自身意愿来推进主权和领土争议，以及海洋权益问题上的解决方案，更不能将主权、安全和发展利益简单化为僵硬的教条主义。相反，让中美关系在合作中竞争，在竞争中合作，注重斗争与妥协相结合、"谋势"与"谋利"相结合，中国才能真正在东亚区域安全的未来格局中赢得更多的主动。与此同时，东亚地区国家都希望看到中美这两大国之间既有竞争，又有合作。面对这一东亚区域政治的现实，中美两国的战略竞争必须兼顾地区内多数国家的利益需求，必须能继续有利于东亚地区各国向往稳定、繁荣和发展的内在愿望。任何旨在为了"战胜对手"而设定的战略，必定将加剧地区安全局势的严重对立，从而最终失去区域内多数国家的支持。

（朱锋，北京大学国际关系学院教授、国际战略
研究中心副主任。本文不是座谈会发言，
为作者赐稿）

相 关 链 接

"西进"，中国地缘战略的再平衡

王缉思

近年来，美国奥巴马政府提出以"重返亚太"为主题的"战略再平衡"设想。俄罗斯、印度、欧盟等全球主要力量也纷纷调整自身地缘战略。大国地缘政治、地缘经济的新一轮竞争日趋激烈。当美国战略重点"东移"，欧印俄等"东望"之际，地处亚太中心位置的中国，不应将眼光局限于沿海疆域、传统竞争对象与合作伙伴，而应有"西进"的战略谋划。

西部大开发需新的战略支柱

古代中国的经济和政治重心一直在内陆，中华民族几乎没有领土疆界向海外延伸的历史。通向欧亚大陆西部的丝绸之路，曾是沟通东西方文明与商业活动的重要桥梁。然而近代以来，西方列强和日本从军事和经济上砸开中国的大门，主要是经由海路，自此现代工业和大城市集中于沿海地区。改革开放初期，美国、欧洲、日本和东亚"四小龙"是中国对外经济交往的主要对象，中国东南部先后建立经济特区，进一步强化了沿海的优势地位，而西部地区的经济社会发展水平则长期相对滞后，对外交往亦较晚、偏少。直到 2000 年中央提出西部大开发计划，局面才开始明显改观。

建立和完善西部大开发总体战略的地缘战略支柱，包括以下几层含义。第一，统筹规划并与多国合作，确保西部境外丰富的油气资源和其他大宗商品的供应渠道畅通。可分南、中、北三线，加快建设中国主导的"新丝绸之路"，东起中国东部，横贯亚欧中部地带，西达大西洋东岸、地中海沿岸各国。从中国西部通向印度洋的大通道也应尽快建成。第二，扩大同西部各国（指南亚、中亚、中东、里海各国）的经贸合作和经济援助，设立合作发展基金。2001 ~ 2011 年，中国与南亚、西亚贸易额增长逾 30 倍（中国外贸总额同期增长 7 倍），占外贸总额比例从 2% 升至 9%；过去 7 年，中国和阿拉伯国家之间的贸易额高于中国对外贸易平均增速 10 个百分点，足见中国经济"西进"的必要性和巨大潜力。第三，由于新疆、西藏等省区的和谐稳定受到境外民族分裂主义、宗教极端主义、恐怖主义及其他敌对势力的威胁，跨境犯罪现象严重，成为国家安全的心头大患，需要制定和实施内外结合、相互配套、因地制宜的社会、宗教政策和教育方针，筑牢国家安全、民族和谐的战略屏障。第四，加大对西部各国的外交资源投入，深入研究当地国情与民族宗教情况，加强社会与人文交流，将中国在该地区的经济优势适度转化为政治优势和软实力，拓宽中国战略回旋空间。

为什么需要"西进"战略

西部各国是欧亚大陆的核心地带，是人类几大文明的发源地，自然资源十分丰富。但由于种种深层原因，许多国家在未来若干年内难以保持稳定和繁荣，该地区若干国家的政治动荡和跨国界的民族、宗教、教派冲突，将对未来全球秩序和大国关系造成严重冲击，也必将对中国在该地区迅速拓展的经济利益和政治影响造成严重冲击。因此中国不能置之度外，必须采取积极主动的新姿态，在这一广阔天地有所作为。

这一地带是欧盟、俄罗斯、印度、美国、日本和中国的重要利益交汇区域和竞争空间。同西欧、东亚等地区不同，西部各国间没有也不可能出现美国主导的地区性军事同盟（或反同盟），且尚未出现地区经济一体化趋势。大国协调机制与竞争合作规则未确立，传统意义上的大国势力范围在不断交叉重塑之中。

然而美国已经在下"先手棋"。2011年秋，美国国务卿希拉里·克林顿数度宣扬美国的"新丝绸之路"计划。在这项计划里，"土库曼斯坦的油气田将满足巴基斯坦和印度不断增长的能源需要，为阿富汗和巴基斯坦提供可观的过境收入。塔吉克斯坦的棉花将被制成印度的布匹。阿富汗的家具和水果将出现在阿斯塔纳、孟买和更远的地方。"简言之，该计划旨在建立一个以阿富汗为中心、连接中亚和南亚，并向中东地区延伸的国际经济与交通网络。其近期目标，显然同美国实施其阿富汗撤军计划后如何维护自身利益有关。

俄罗斯视里海地区和中亚的独联体国家为自己的"后院"，极欲保持其传统地位。里海地区和中亚成为欧盟能源外交的主攻方向。在地区安全与政治问题上，欧美将长期维持合作，必要时发挥北约的军事作用。印度将中东和中亚视为其推进能源进口多元化的重点方向，正着力构建周边油气供应网络。日本在西部地区的经济利益和安全关注也处在上升趋势。

由此可见，推动中国经济、政治活动和国家利益的"西进"具有重要的战略意义。首先，"西进"有利于建立更为平衡的中美关系，推动中美战略互信。美国国家安全委员会、国务院、国防部等有关决策机构里，对华关系一直都从属于对东亚关系，其主管官员多为东亚问题专家。奥巴马政府"战略重点东移"，也聚焦于东亚。美国有意无意地将中国"定位"为东亚国家，也容易让中国人限制自己的战略眼界。中美两国在东亚的竞争，已日益呈现某种"零和格局"。但若"西进"，中美在投资、能源、反恐、防扩散、维护地区稳定等领域的合作潜力都较大，而且几乎不存在军事对抗的风险。在维护阿富汗、巴基斯坦等国稳定的问题上，美国迫切希望中国提供帮助。

其次，中国在西部各国的经济利益日益扩大，展现了参与大国多边协调、提高国际地位的良好机遇。

相比于东亚，中国同（印度以外的）西部各国素无瓜葛，产生对抗或冲突的因素很少，在地缘经济、地缘政治的竞争与合作中，处于相对有利地位。同有关国家共同塑造该地区的安全与发展环境，制定公平的游戏规则，将有利于中国的长远利益和塑造负责任大国的形象。加强和扩大上海合作组织的职能，同有关大国和本地区国家共同规划与建设"新丝绸之路"，促进多边安全机制建设和地区冲突的和平解决，都是中国可以使用的抓手。

"西进"必须进行战略统筹

"西进"有机遇，也有风险。风险一，西部远非一片阳光灿烂的净土。不少国家的政治不够稳定，相对贫困，民族教派冲突积重难返。一旦像某些西方国家那样深深卷入其中，想要抽身就难了。中国既要敢于"创造性介入"，又必须有危机处理的方案和手段。风险二，西部各国之间的关系错综复杂，中东有伊朗、沙特、土耳其、埃及、以色列等地区强国相互角力，南亚有印巴之间纠葛难解。中国在任何具体问题上采取外交立场，都会得罪某些国家，需要保持微妙的平衡。风险三，中国"西进"不可能不引起其他大国的疑虑和防范。要尽力避免它们联手排挤中国，不能以争霸、争权、争利的面目出现，动辄做出"突破美国围堵"之类的姿态，视正常竞争为零和格局，将经济问题政治化。风险四，容易被戴上"攫取资源""新殖民主义"的帽子。须关注投资所在地的环保、民生和就业。应抓紧完善领事法规，对当地华人华侨既要关心保护，又要管理教育。

同对美欧、东亚、俄罗斯等国家和地区的了解相比，中国对西部各国的了解更浅。通晓阿拉伯语、波斯语、土耳其语、哈萨克语、印地语、乌尔都语、孟加拉语、僧伽罗语等语种的人才缺乏，研究西部地区的国内智库和大学系科寥寥无几。需要组织更多官方、半官方智库和民间学术机构的双边或多边国际研讨会，促进对西部各国的研究，培养相关人才及西部各国的"知华"人士。需制定长远规划并给予相当大的财政支持，以整合国内各部门的外事、经济、文化教育和学术资源，增强"西进"的协同力。

本文并不主张"西进"成为一项明确成文的国家对外战略，而是强调，在世界地缘经济与政治板块不断发生变动的形势下，需要有一些新的、具有全局性的、陆权与海权并行不悖的地缘战略"再平衡"思考。

（原载《环球时报》2012 年 10 月 17 日）

扫除中美战略互信三障碍

——探索中美战略关系新思维

王缉思　贾庆国　王　敏　钱颖一　白重恩

整整 40 年前，中美两国在几乎没有任何经济、社会、文化交往的情况下，从各自安全战略需求出发，开始实现双边关系正常化。如今，中美关系已经发展为世界历史上最为复杂的国际关系。我们应当站在全球战略高度和人类历史新起点，重新思考两国关系的本质和未来，开创国际政治的新思维。

中美关系重要性前所未有，
但面临重大考验

进入 21 世纪特别是 2008 年国际金融危机以来，世界局势更加复杂多变。今天的中美关系突出呈现两大背景：一是中国成功应对危机，经济规模持续扩大，迅速走到国际政治和全球治理的前台；二是发达国家经济、金融体系遭受重创，复苏进程曲折缓慢，欧债危机愈演愈烈。在此形势下，美国为克服自身困难愿与中国加强合作，让中国承担更大的"国际责任"；中国则愿为稳定全球金融形势、推动经济复苏多做贡献，以化解美国和外部世界的戒心和忧虑。由于中美两国经济总量、外贸总额分别占到世界 1/3 和 1/5，中美两国的内部发展、对外战略和相互关系，对世界经济、政治正产生越来越重要的影响。两国领导人都认为，中美关系已成为"世界上最重要的双边关系"。

与此同时，中美战略关系正遭遇更为严峻的挑战。冷战结束至今，中美关系几经波折。"9·11"事件爆发后，反恐成为美国全球战略的首要任务，而中国抓住重要战略机遇期，一心一意谋发展。双边关系呈现"复杂相互依存"局面，基本稳定的战略格局维持了 10 年之久。进入 21 世纪第二个十年之后，中美实力差距缩小，结构性矛盾凸显。两国在经济、政治、国际安全等领域的若干利害冲突呈逐渐扩大、激化的趋势，彼此戒心加重、疑虑增多。最近，美国高调宣布"重返亚洲"，进一步加强针对中国的军事部署，同时推动"跨太平洋战略经济伙伴关系协定"；一些美国政界人物视中国崛起为美国最大的外部挑战，指责中国在某些国际问题上拒绝与美国合作是为削弱美国的全球"领导地位"。这些动态在中国民众和政治精英中引起很大反响，许多人据此认为，美国的长远战略意图就是遏制中国，阻止中国发展强大，所以中国应当在国际上对美国实行强硬的反制措施。希望加强中美合作的两国人士，纷纷对中美战略互信降至低点深表忧虑。

中美缺乏战略互信的主要表现
与深层原因

胡锦涛主席指出，中美要做互尊互信的合作伙伴，持之以恒增进战略互信。我们认为，双边国际关系中的所谓战略互信，指的是双方都深刻了解对方的战略意图，并在涉及各自核心利益的领域，持有对于对方立场和行为的积极预期。建立战略互信，并不意味着否认利益冲突和观念差异的客观存在，而是在"共同利益大于分歧"的认知基础上，努力减少利益冲突和观念差异对两国关系的影响，形成长期良性互动的局面。从中美关系现状看，双方的战略互信尚远远滞后于业已形成的共同利益。

造成中美战略互信缺失的主要表现和深层原因如下。

双方真诚沟通不足，某些共识未见诸行动。2011年1月胡锦涛主席成功访美，双方达成了意义深远的新的战略共识。目前，两国在各层次、各领域都建立了不少卓有成效的对话机制，特别是最高层次的"中美战略与经济对话"。但也有某些中美对话流于形式，各说各话，说虚话套话，或者说归说、做归做，达成的共识没有落到政策实处，更未落实到实际行动上。最近，美国国际集团前董事长兼首席执行官莫里斯·格林伯格先生在《华尔街日报》发表文章指出："过去几年里，本人有幸参加了一些中美两国经济学家和贸易部门官员之间的对话。结果每次情形都一样。双方各自陈述自己一方的问题和担忧，并向本国政府汇报对方的问题及担忧。虽然对话过程非常热烈友好，但没有解决阻碍两国经贸关系发展的任何问题。"对此，中美双方许多人都有同感。现在的主要问题不是对话机制不够多，范围不够广，层次不够高，而是一些对话未能切中要害，没有解决实际问题。

经济摩擦政治化削弱战略互信基础。经贸关系一直是中美关系的"压舱石"。但随着中美经贸摩擦增多且日益政治化，这一"压舱石"的分量越来越轻，有时甚至成为战略互信的"绊脚石"。美国多次提出要把中国列为"汇率操纵国"加以制裁，继续严格限制高技术产品的对华出口，对中国企业赴美投资设置政治障碍。在 2012 年的美国大选进程中，一些政客出于政治动机，竞相把中国作为美国经济低迷的替罪羊而加以攻击。这些行为都对战略互信有害而无益。

实力相对消长引发心态微妙变化。随着中美经济实力差距缩小，美国从政府、学界、媒体到民间，都明显加深了关于"中国崛起"威胁美国地位、"中国模式"挑战"美国模式"的紧张与焦虑。同时，中国政府对美国的"输出民主"和"人权外交"保持高度警觉；中国政治精英感到中国的安全环境并未随着自身实力地位的提高而改善，对美国在其周边强化"战略包围"感到紧张与焦虑。尽管中美两国政府高层一再相互宣示自己的战略意图不是为了损害对方，但都难以化解两国社会中已经固化并还在加深的疑虑。

摒弃陈旧思维，为建立中美战略互信扫清障碍

如果不尽快努力摒弃过时观念，纠正误解与偏见，中美关系稳定的基石将会受到严重腐蚀，进而发生动摇。

（一）摒弃零和思维

零和思维的最大危害在于具有"自我实现的预言"的性质。有人说，世界现代史上没有过一个实力迅速上升的大国同一个维护霸权的大国和平相处的先例。但我们认为，历史先例是由人民和他们的国家创造出来的。中美关系可以也必须创造避免争霸、长期合作的先例，否则将损害两国人民和世界的根本利益。正如美国国务卿希拉里·克林顿所指出的："与中国的关系是美国有史以来必须管理的最具挑战性和影响最大的双边关系之一，美中关系发展没有指导手册可循，然而利益攸关不容失败。"美国副总统拜登2011年8月在《纽约时报》撰文指出："一个成功的中国可以使美国更加繁荣。"同样，美国经济的复苏和繁荣，美国内外政策中积极的、包容性的因素，也有利于中国发展。

（二）摒弃冷战思维

冷战思维的特点在于以政治制度和价值观来决定国家关系的远近亲疏，搞对立的军事、政治同

盟，形成相互对抗的两大国际阵营。有人说，两个政治制度、意识形态迥异的大国终将走向对抗的不归之路。其实，中美关系正常化40年来的历史已经证明，体制和价值观的差异并没有阻止彼此接近，也不能阻止交往与合作的扩大。一方面，中美在政治和价值观方面的差异与分歧将会长期存在，有时还会发生激烈争论；另一方面，两国社会、文化与国内政治也在不断发生变化，并且相互影响。从国际上看，几乎没有任何国家会自觉自愿地卷入中美之间可能发生的战略对抗，形成两大对立的意识形态阵营和军事集团的时代，已经一去不复返了。

（三）摒弃傲慢与狭隘思维

中华民族和美利坚民族同为世界优秀民族，各自都有许多优点和长处，共同为人类文明做出了杰出贡献。美国建国后迅速跻身世界强国之列，60多年来一直保持着"超级大国"的地位，自有其值得称道的治国经验。中国几十年来迅速改变了贫穷落后的面貌，取得了人类历史上举世瞩目的成就，其政治经济体制和文化价值体系中，必然有无法否认的特色和优势。中美各自的成长历程表明，两国都选择了符合自己国情的发展道路。因此，双方都应以谦逊而非傲慢的态度看待对方，更不应对对方国内的某些困难和不足采取冷嘲热讽甚至幸灾乐祸的态度。还应当看到，两国都存在着全球视野不足、在处理国际事务中过度依赖自身经验的倾向。在双边和多边国际事务中，中美应加强磋商协调，借鉴对方的经验和视角，尊重对方所持的态度和立场，摒弃狭隘思维。

以创新思维构建中美战略关系

习近平副主席在 2011 年 12 月会见美国前财政部长保尔森时指出，"历史证明，中美关系的本质是互利共赢，两国共同利益和合作需求远大于分歧"。这反映了中方对于中美关系的一种创新型的思维方式。用这种思维方式观察可以发现，在某些中美双边领域存在的长期争论不休、看似无解的难题，在某些国际安全问题上两国立场的差异，并不能从根本上妨碍两国在全球金融、贸易、能源、气候变化、公共卫生、地区热点等问题上的交流与合作，也不能扭转两国社会交往不断扩大以及在教育、文化、科技等领域相互取长补短的长期趋势。只要中美双方继续在各领域、各层次不断扩大"利益汇合点"，构建"利益共同体"，就能建立起一种基于战略互信的全球伙伴关系。

总之，作为愿意进行深入战略思考的中国学者和专家，我们想阐明自己三个主要观点。第一，中美关系正面临严重考验和战略互信的缺失，"逆水行舟，不进则退"。第二，两国关系的不稳定将造成双方都难以承受的巨大利益损失，并危害世界经济的发展和全球安全。同时，国际形势的深刻变化和两国间日益增加的共同利益，也为双方提供了前所未有的战略机遇。第三，必须坚持"中美关系的本质是互利共赢"的新型战略思维，既正视双边关系中的困难与障碍，又努力摈除不利于发展共同利益的陈旧思维，逐步建立积累战略互信。

（原载《环球时报》2012 年 2 月 13 日）

培育中美经贸合作新根基

钱颖一　白重恩　王　敏　王缉思　贾庆国

互利合作是中美经贸关系主旋律

经贸合作是中美关系的核心，也是中美战略合作的重要基础和"稳定器"。中美关系发展主要基于共同利益。作为当今世界最大发展中国家和最大发达国家，两国在经济领域不断增多的共同利益和交汇利益，始终是推动双边关系发展的强大动力。中美共同利益对于各自经济繁荣健康和人民福祉日益重要。

中美贸易是最密切的优势互补贸易。中美互为最重要贸易伙伴。2011 年双方贸易额达到 4467 亿美元，比 1979 年 23.7 亿美元增长 188 倍。中国已连续 11 年是美国增长最快的出口市场。中国是美国第二大贸易伙伴、第三大出口市场和第一大进口来源地。预计到 2015 年，中美双边贸易额将超过 7000 亿美元，中国从美国进口将翻一番。中国丰富多样的消费品适应了美国消费者需求，而扩大美国的电子、航空、生物、医药、农产品以及服务贸易进口，也满足了中国发展需要。

中美经济已形成"你中有我、我中有你"格局。截至 2011 年末，美国对中国累计投资 676 亿美元，投资企业超过 6 万家，是中国最大外资来源地之一。据美国经济分析局统计，1994～2009 年，美国跨国公司对华直接投资子公司成为美国海外企业最大获利者。2010 年 85% 的中国美资企业盈利增加。中国还是美国国债最大持有者。截至 2011 年 11 月，外国持有美国国债总计 4.74 万亿美元，其中中国持有 1.13 万亿美元，占 23.8%。

中美经贸关系对全球具有重要影响。经济全球化使中美经贸关系空前密切。目前两国经济总量、贸易总量占到世界 1/3 和 1/5，中美经贸关系重要性远远超出双边范畴。近两年，中美加强合作应对国际金融危机和欧洲主权债务危机，对于恢复国际市场信心、推动世界经济复苏发挥了重要作用。

中美经贸摩擦焦点与主要原因

中美经贸关系一直在合作与摩擦中向前发展。中美经贸摩擦源于多种复杂因素。

中美经贸摩擦焦点。从中方看，主要有四个焦点：一是美国依据自身标准不承认中国完全市场经济地位，使贸易摩擦政治化；二是美国不断对中国出口商品实施反倾销、反补贴制裁，使贸易摩擦常态化；三是美国严格限制对华高科技产品出口，目前中国仍被排除在享受美国贸易便利政策的 164 个国家之外；四是中国企业赴美投资、并购受到歧视。从美方看，也有四个焦点：一是美国国会议员、主要智库均认为人民币对美元汇率低估，多次提出要把中国列为"汇率操纵国"；二是美中贸易严重不平衡，美国贸易逆差太大；三是中国保护知识产权执法不严，盗版侵权损害美国公司利益；四是中国鼓励自主创新政策对美国企业构成歧视。近年来，中美双方围绕上述摩擦焦点展开了一轮又一轮博弈。

中美经贸摩擦利益因素。中美贸易争端主要来源于特殊利益团体。以美国 2009 年 9 月对从中国进口轮胎征收惩罚性关税为例。据美国劳动统计局（U. S. Bureau of Labor Statistics）数据，在此前两年中，美国轮胎价格上涨比其他汽车附属商品价格上涨低 5.7 个百分点；而在此后两年中，轮胎价格上涨比其他汽车附属商品价格上涨高 3.4 个百分点。就是说，这项惩罚措施导致美国消费者每年为轮胎多承担 9.1％ 的价格上涨。对于一年几十亿美元的美国轮胎市场，其损失远远超过为少数企业和工人所带来的利益。

中美经贸摩擦结构因素。首先，美国经济结构失衡是中美贸易摩擦的主要根源。20 世纪 80 年代初，美国劳动密集型产业大批向海外转移，同时实行扩张性财政政策和超低利率政策，刺激过度消费和大量进口，导致美国经常账户失衡、大量贸易逆差。其次，美国贸易逆差统计口径与真实贸易结构误差很大。有美国学者研究指出，2007 年一部苹果（Apple）iPod

生产成本为 150 美元。其中只有约 4 美元是中国创造的附加值，大部分附加值来自包括美国在内其他国家生产的元件，但当这些在中国组装的 iPod 运到美国时，150 美元总成本都被算作从中国进口。

中美经贸摩擦政治因素。综观现代国际经贸关系，从没有像中美经贸关系这样强烈、浓厚的政治色彩。中美经贸摩擦背后许多是政治角力，而政治角力的主导方始终是美国。中方一直主张不要将经贸问题政治化，但美方坚持从政治角度看待中美经贸关系。

以人民币汇率为例。自 2005 年 7 月中国实行人民币汇率形成机制改革 6 年多来，虽然人民币对美元名义汇率升值超过 30%，加上通胀因素实际汇率升值 40%，但美方仍不断批评人民币升值幅度太小、速度太慢。2011 年 10 月 12 日，美国参议院通过《2011 年货币汇率改革法案》，要求政府对汇率被低估的主要贸易伙伴征收惩罚性关税。外界普遍认为，该法案旨在迫使人民币加速升值。作为中方学者，我们一直认为，人民币汇率不是造成美国贸易逆差和失业率上升的主要原因，人民币升值不能解决中美贸易不平衡问题。如果像美国某些人要求的那样，人民币对美元汇率大幅升值，其结果，或是这些制成品出口价格大幅上升，由美国消费者埋单（并冲击产业链上的美国企业）；或是这些制造业流出中国转到劳动力成本更低的国家生产。但无论如何，这些制造业都不会回流到美国，因为美国不可能将劳动力成本降到低于中国水平。

汇率形成机制十分复杂。迄今没有任何理论模型能够精确测算人民币对美元的均衡汇率水平。虽然中国连续数年贸易和国际收支双顺差,外汇储备庞大,但 2010 年中国人均国内生产总值只有 4277 美元,农业基础薄弱,工业大而不强,城乡还有 1.5 亿人口生活在联合国贫困线以下。这些基本国情,决定了现阶段人民币对美元均衡汇率水平不可能过高,人民币升值幅度不可能过大。更重要的是,人民币汇率是中国经济主权,不能屈从外部压力。中国国家领导人和精英阶层都清醒认识到,中国经济发展中不平衡、不协调、不可持续的矛盾还相当突出。但这并不是人民币汇率造成的。即使人民币汇率存在不合理,也只是中国经济结构失衡之"果",而并非失衡之"因"。

同时,中美经贸摩擦政治化还表现在中国企业赴美投资上。相对美国企业在华投资额近 700 亿美元,目前中国在美投资额仅 48 亿美元,双方投资逆差巨大。随着中国经济成长,中国企业赴美投资热情很高。从中国政府来说,真诚希望通过中国企业赴美投资,使一部分出口产业转移到美国本土生产,这样,既能缓解中美贸易逆差,又能为美国创造就业,可谓双赢。然而遗憾的是,美国对于中国投资安全的关切远远超出对其贸易逆差和就业的关切。

培育中美经贸合作四大根基

促进中美经贸关系健康稳定发展,符合中美两国人民现实和长远利益。新形势下,中美双方应以战略眼光精心培育、构筑两国经贸合作的坚实基础。

自由贸易根基。在世贸组织框架下，自由贸易原则是指通过多边贸易谈判，实质性削减关税和减少其他贸易壁垒，扩大成员方之间的货物和服务贸易。中美两国应坚定奉行自由贸易原则，摒弃各种形式保护主义。通过放宽美方对华高技术出口，发展双方更平衡的贸易关系。妥善解决贸易和投资争端，避免经贸摩擦政治化。及早开展中美自由贸易协定和自贸区谈判。中方继续推进人民币汇率形成机制改革和汇率市场化进程，美方应放弃以各种方式对人民币汇率施压。

互利共赢根基。中美双方应在各领域、各层次不断扩大"利益汇合点"，构建"利益共同体"。扩大两国双向投资，确保中国在美投资安全。开拓两国经贸合作新增长点，加强中美在新能源、清洁能源、节能减排、生物医药、航空航天、基础设施建设等领域务实合作，积极促进两国地方在经贸、投资、旅游等领域合作，加强两国企业特别是中小企业合作，共同培育开放、公平和透明的投资环境。

结构平衡根基。中美双方都要推进深层次结构改革。中国着力扩大内需，重点扩大消费需求，提高家庭收入，降低储蓄率，增加消费对国内生产总值贡献。美国应当提高国民储蓄占国内生产总值比重，致力于将联邦预算赤字降到可持续水平，减少过度消费对进口依赖。推动建立中美更加均衡的新型经济伙伴关系，中方不刻意追求贸易顺差，美国应努力减少外部失衡。

平等公正根基。中美经贸合作要排除政治因素干扰，做到平等无歧视，公正无排斥。双方都应为对方企业提供公平市场准入，美国应取消对华投资不合理政策，减少实体经济投资审查中的泛政治化倾向。尽快承认中国完全市场经济地位。实质性放宽对中国高科技产品出口。中国认同政府采购和创新政策中的非歧视原则，创新政策与提供政府采购优惠不挂钩。

我们相信，只要双方同心协力、精心培育，中美经贸合作的参天大树一定会茁壮成长、岁岁长青！

（原载《环球时报》2012 年 2 月 14 日）

中国的国际环境为何趋于严峻

——《中国国际战略评论 2012》卷首语

王缉思

《中国国际战略评论》自 2008 年创刊以来，以年度报告的形式，跟踪、分析、评论了国际战略形势发生的重大变化。在《评论》第五期即将付梓之时，回眸一下近年来的国际形势新发展，感慨良多。

美国的金融动荡在 2008 年引发了 20 世纪 30 年代以来最严重的全球金融危机，刺穿了许多国家的经济泡沫。欧洲至今还深陷于主权债务危机中难以自拔。欧洲一体化面临严峻考验。2011 年的福岛大地震、海啸和核事故，无异于给日本经济雪上加霜。欧日两大经济政治实体，皆处于信心不足、前景欠佳的状态。多年前常常听到的"日本崛起"，不久前还耳熟能详的"欧盟崛起"，都已经被公众忘在脑后。美国经济在缓慢复苏的进程中，其在世界经济总量中的比重逐年下降。许多美国人和国际舆论现在热衷于谈论"后美国时代"的多极世界，"单极世界的阴霾"

似乎已经烟消云散。

2011年，"基地"组织的精神领袖本·拉登在巴基斯坦被剿除，恐怖组织策划的血腥爆炸事件在全球范围内有所减少，被西方视为宿敌的利比亚领导人卡扎菲也死于战乱之中。但是，从2011年初开始的此起彼伏的中东乱局，并没有给西方带来多少欣喜的理由。穆巴拉克下台后的埃及政局动荡，伊斯兰势力上升。伊斯兰国家内部逊尼派和什叶派穆斯林的争斗愈演愈烈，伊朗在中东地区的影响扩大，以色列内外环境趋于紧张，均引起西方国家更大的担忧。在阿富汗和巴基斯坦的安全形势恶化之时，美国和其他北约国家的军队却不得不逐步撤出该地区。一般舆论认为，"阿拉伯之春"及其连锁反应，对西方国家来说是忧多于喜，从整体上削弱了西方的影响。

与此同时，"金砖五国"（中国、巴西、俄罗斯、印度、南非）的力量上升和在全球事务中的合作协调，成为世界舆论特别是中国舆论关注的另一个重要趋势。中国经济实力和军事力量的持续壮大，成为新兴国家中最突出的亮点。在未来10年里，金砖国家的整体实力有望进一步增强。此外，印度尼西亚、越南、土耳其等许多新兴市场国家也处于经济实力的上升期。拉丁美洲和加勒比国家共同体的成立，标志着拉美一体化进入了一个新的阶段。中国观察家认为，这些发展中国家作为一个群体，其实力的增强与现行国际政治经济秩序之间将产生更大矛盾，从而有力地挑战发达国家在全球秩序中的主导地位。

有人把上述国际力量格局的变化趋势称为"东

升西降"。就此而言，中国所处的国际战略环境应当是得到大大改善的，因为中国所受到的国际压力基本上来自西方，而所借助的力量更多地来自发展中国家。但是，从本期《评论》刊登的几篇相关研究报告来看，实际情况却是中国人所感受到的国际环境趋向严峻。那么，为什么会出现"有利的全球力量对比"和"恶化中的国际环境"之间在感觉上的反差呢？为什么中国力量的日益上升，却不能带来中国外部环境的逐步改善呢？我们认为，问题可能出在以下几个方面。

第一，国际金融危机不仅沉重打击了西方经济，同时也损害了新兴大国。在全球化时代，世界主要经济体之间确实出现了一荣俱荣、一损俱损的现象。西方大国对新兴经济体的增长乐见其成，而新兴大国对西方经济低迷也不可能幸灾乐祸。就中国而言，西方国家的市场萎缩和金融机构信誉下降，加大了出口和投资方面的困难，对中国的经济造成了相当大的负面影响。最近印度经济形势不佳，也同外部环境的消极因素增加有很大关系。由此看来，经济上的"西降"和"东升"并非一种因果关系。综合来看，未来几年中国的国际经济环境不容乐观。

第二，国内战略评论家所作分析的逻辑起点，传统上是国家（特别是大国），落脚点则是大国之间的力量对比和相互关系。这个分析框架的缺点是容易忽略一些国家之下、国家之外的全球趋势。例如，全球人口发展严重失衡，发达国家和俄罗斯人口发展速度接近于零或低于零，这些国家和中国的老龄化问题突出，而南亚、中东、非洲人口仍在迅速膨胀。于是，全球性的人口迁徙难以阻挡，新移民同原住民的矛盾激化，及至引发政治冲突。大规模城市化带来的卫生、治安、教育、交通、环保、水电供应等方面的瓶颈愈发狭窄。发达国家的高福利、高消费和发展中大国的低福利、低消费等因素所造成的全球经济失衡，在可预见的将来难以明显缓解。全球化进程中的收入分配失衡和贫富悬殊在继续扩大。全球生态环境持续恶化。借助于新技术手段特别是网络媒体，个人和小群体对国家和国际社会造成的挑战方兴未艾。在中国坚持自身发展道路、各国发展模式多样化的同时，个人自由、平等、人权、民主等观念在全球范围内更加深入人心。所有这些，都是中国面临的国际战略环境中不容忽视的挑战。当然，在这些挑战中也蕴藏着中国改革和发展的机遇。

第三，金砖国家的力量上升无疑对西方主导的全球秩序造成了冲击，它们在重大国际政治经济问题上进行的协调，也部分缓解了中国面临的西方压力。但是，其他金砖国家和绝大多数新兴国家在国家利益和意识形态方面同中国都有相当大的差距，而且有些差距还有扩大的迹象。当中国同周边国家发生领土主权争端时，当中国同美国就对台军售、涉藏涉疆或人权、宗教、人民币汇率等问题矛盾突出时，难以得到这些国家的明确支持，其中有的国家甚至就是某些纷争的当事国。因此，新兴发展中国家的"群体崛起"对提升中国世界地位、改变中国外部形象与政治环境的作用是有限的。

第四，随着中国实力地位的增长，其所面临的"安全困境"也更加严重。这里说的"安全困境"，主要是指在中国为自身安全而增强国防实力的过程中，周边国家和美国不仅怀疑中国和平发展的意图，而且正在加强针对中国的防范措施，同时相互协调对华战略，进而对中国构成更大的安全压力。于是，同过去国力较弱的时期相比，一些中国人现在产生了更大的不安全感，更多的焦虑情绪，更深的"受害者情结"。公众的一个普遍疑问是："为什么国家实力强大了，国家安全却受到了更多的侵蚀？"对这个疑问的回答一般是两个，一是国防投入还不够大，二是对周边国家和美国的政策太软弱。这种想法不但反映在大众媒体上，也反映在专家学者的战略分析中。但是，中国的"安全困境"在近期内难以解脱，中国在对外关系中的真正实力、政策手段和战略谋划，将继续滞后于国内公众的期待。

第五，中国在外部世界表现得强势，在一定程度上被中国国内某些消极因素所抵消。近年来中国的对外战略和外交姿态被部分国内公众视为"过于软弱"。其实，客观来看，中国对外政策比过去更为积极进取，也更加强调维护国家核心利益的原则性，以至于被相当多的国际舆论视为"强硬"。中国的海外投资和对外贸易，从数量到质量都有相当大的提高。在全球几乎每一个角落，都能看到中国公民的身影和中国商业行为的踪迹。中国政府在加强国家文化软实力建设方面，成倍地增加了财力、智力的资源投入。中国的高层外交与公共外交越来越活跃，维护中国海外权益的行动明显增加。然而中国在外部世界的整体形象却仍然差强人意，并未因海外影响的拓展而明显改善。究其原因，主要还在于国内各种消极现象和不稳定因素的牵制。例如，2008 年以来西藏、新疆地区分别发生的严重暴力事件，国内社会矛盾引发的群体性事件，令人担忧的产品质量、食品安全、公民道德水平和生态环境，频繁发生的腐败案件和高层官员违纪案件，个别中国公民到外国使领馆滞留"避难"的孤立事件及其滞后效应，都使政府不得不耗费大量的政治和外交资源加以应对。在中国一些部门看来，所有上述国内问题都有境外敌对势力的插手和干扰。但是，承受损失的却是中国的声誉和利益。加强中国政府各个部门的相互协调，提高政府的工作效率和透明度，建立更加完善的问责制，惩治腐败，提高公民文化素质，都是妥善处理对外关系的基础条件，但这些任务却不可能像推动经济增长那样立竿见影。

如果以上的归纳和分析基本上站得住脚的话，那么中国在未来几年遇到的国际挑战将趋于严峻。加强外交、国防、外宣、对外经济工作等固然重要，但能否成功应对国际挑战的关键，还在于能否加快国内改革步伐，妥善处理国内各种政治、经济、社会问题。其中很重要的一点，是让国内公众全面而客观地了解国际国内两个大局及其相互关系。

日益复杂多变的国内外环境，给中国的国际战略研究者提供了更为广阔的视野，也提出了更高的要求。什么是国际战略研究的边界、主题、主线和理论基础？中国的国际战略研究需要着重关注哪些问题，能够为国家的战略决策起到什么样的咨询作用？我们编辑出版的五部年度《评论》虽然不能对这些问题提供专门的解答，但是它所涉及论题的多样性，文章作者的不同视角和观点，应当能够激发我们的想象力，深化我们的战略思考。

除了中国大陆的高级官员、专家、学者贡献的15篇评论以外，本年度的《评论》还汇集了另外8个国家的战略评论家的13篇文章，以及中国台湾地区学者的两篇文章。编者并不刻意追求境外作者在《评论》作者中所占的比例，而是以稿件的水准为优先考虑。借此机会，我们对几年来为《评论》做出贡献的诸多作者和世界知识出版社表示衷心的谢意，也决心让《评论》保持其多姿多彩，质量逐年提高。

破解大国冲突的历史宿命

——关于中美发展新型大国关系的思考

王缉思

中美高层就发展新型
大国关系达成共识

中美两国应当共同构建新型大国关系，是 2012
年年初以来，由中国领导人提出、美国领导人做出
回应的重大议题，两国领导人就此达成了共识。
2012 年 5 月 3 日，国家主席胡锦涛在第四轮中美战
略与经济对话开幕式致辞中，深入阐述了中美"努
力发展让两国人民放心、让各国人民安心的新型大
国关系"的意义和内涵。胡主席指出，发展中美新
型大国关系，需要创新思维、相互信任、平等互谅、
积极行动、厚植友谊，打破历史上大国对抗冲突的
传统逻辑，探索经济全球化时代发展大国关系的新
路径。6 月 19 日，胡主席在墨西哥洛斯卡沃斯会见
美国总统奥巴马时，就中美发展新型大国关系提出

了四点建议。

此前，中国国家副主席习近平在 2012 年 2 月访美期间提出，中美应该拓展两国利益汇合点和互利合作面，努力把两国合作伙伴关系塑造成 21 世纪的新型大国关系。习副主席在 5 月 3 日会见美国国务卿希拉里·克林顿和财政部长盖特纳时，又提出了双方探索新型大国关系之路的原则。

在同一时期，国务委员戴秉国、外交部副部长崔天凯等先后撰文并发表谈话，阐述中美建立新型大国关系的必要性。戴秉国表示，中美不搞"两国集团"（G-2），不搞中美主宰世界，也不搞中美冲突对抗，但可以搞"两国协调"（C-2），加强沟通、协调与合作，努力摸索出和平相处、密切合作、共同发展的崭新模式。

中国领导人关于两国建立新型大国关系的倡议得到了奥巴马政府的正面回应。奥巴马总统在给第四轮中美战略与经济对话的书面致辞中说，美中两国可以向世界证明，美中关系的未来不会重蹈历史覆辙，两国可以携手解决 21 世纪面临的严峻经济和安全挑战，为发展持久信任、长期稳定、充满希望的美中关系奠定坚实基础。在这轮中美对话中，克林顿国务卿说："我们两国变得越来越相互依存，因此我们需要建设一种坚韧、富有活力的关系，使得我们双方能够避免无益的竞争、对抗和冲突，从而促进经济繁荣，更好地履行我们在国家、地区和全球层面的责任。"她认为，中美两国正在做一件史无前例的事情，即为避免历史上守成大国和崛起大国走向对抗的悲剧寻找新的答案。美国国防部长帕内塔在 2012 年 9 月访华时，也提到"我们两个太平洋大国之间要创建一种新型关系"。

关于中美两国发展新型大国关系的议题，受到中美两国智库、专家学者，以及国际舆论的广泛关注。两国知名人士和智库，已经就此发表了许多观点，并且正在探索合作研究这一课题的方案。

提出发展"新型大国关系"的背景

从本质上讲，构建中美新型大国关系就是破解历史上崛起大国和守成大国之间对抗的困境，相互尊重，合作共赢，开辟不同社会制度、文化传统、发展模式、发展水平的两个大国之间和平相处的范例。

中美关系是世界历史上从未有过的最复杂的双边关系。从这个意义上讲，今天的中美关系已经是一种新型的大国关系。美国是最强大的发达资本主义国家，中国是国力迅速上升、经济总量仅次于美国的社会主义国家。两国在竞争中有合作，经常发生摩擦却保持着正常的国家关系。两国高层交往的密度和深度，两国政府之间建立的直接沟通管道，不亚于当今世界上任何两个国家之间的关系，包括美国同其盟国的关系。两国在经济上相互依存的程度，超过当今世界上绝大多数经济体之间的相互依存程度。

两国领导人之所以在 2012 年提出发展新型大国关系的命题，主要是因为国际社会和两国国内舆论都在怀疑中美关系是否会脱离冷战结束以来的轨道，走向战略对抗。也就是说，目前业已建立的中美合作与竞争并存的新型关系，是否能够持久，最终达到胡锦涛主席所说的"让两国人民放心、让世界人民安心"的程度？

显然，这种怀疑绝非空穴来风。近来在中美关系中出现了一些引人注目的新的对抗性因素，两国主流社会关于对方的战略猜忌和疑虑明显增加，关于中美难免大国对抗历史魔咒的"宿命论"抬头。中国方面担心，奥巴马政府在提出将战略重心东移的"再平衡"之后，加强了美国同亚太盟国的安全关系，把矛头指向中国。美国在西太平洋增加了军事活动。在中国同周边国家的领土争端中，美国表面上不持立场，实际言行中却明显地偏向中国的对立面。有的中国评论直指美国是在中国同邻国之间制造矛盾、激化争端的罪魁祸首。美国方面则对中国国力迅速增长产生了更强烈的焦虑感。在 2012 年的美国总统竞选中，两党候选人竞相指责中国，把中国当成美国经济复苏缓慢、就业困难的替罪羊。美国国会 2012 年 10 月发表报告，建议在政府采购中排除中国企业华为和中兴通讯，并禁止两家公司在美国参与任何并购活动，说明美国正在对中国在美国的商业活动制造更多的政治障碍。

令关心中美关系的两国人士感到忧虑的是，虽然两国领导人和政府高层一再强调双边关系中的积极因素，努力加深战略对话，并且在实际处理中美关系的难题时采取了务实的态度，但是两国国内媒体很少报道关于对方的正面消息，而大量报道的是消极因素和负面新闻。在这种气氛影响下，两国相当一部分舆论领袖和政治精英也越来越不看好中美关系。因此，制止中美关系对两国社会的负面冲击，破解两大强国必然对抗的魔咒，是构建新型大国关系的关键。

大国冲突的历史宿命论

历史上崛起大国与守成大国之间的关系，是美国国际政治学界近年来一个热门的研究课题。一些信奉权力政治的"现实主义"学者认为，国际政治就是追逐权力的斗争。在以"无政府状态"为特点的国际体系中，保障国家安全的最佳途径是追求权力的最大化，也就是霸权，美国如此，中国也不会例外。他们从近现代大国崛起的历史经验出发，认为大国崛起不可避免地会挑战霸权国的地位和现存国际秩序。威廉时代、希特勒时代的德国，军国主义的日本，分别挑战了英国和美国的霸权，由此引发了战争。今天的中国挑战美国霸权，其结果也会是战争。

芝加哥大学政治学教授、"进攻性现实主义"代表人物约翰·米尔斯海默是"中美必有一战"观点的代表人物之一。他认为，大国彼此畏惧，相互猜疑，为了生存和安全，会不断扩大自己的战略目标。只要中国实力持续增长，"中国就会像所有潜在的霸权国一样，倾向于做一个霸权国家"。他预言："中美可能会卷入激烈的安全竞争，最终可能导致双方兵戎相见。"美国国防部前副部长保罗·沃尔福威茨声称，中国对于"上世纪曾经侵略过它的欧洲列强耿耿于怀，并决心通过操纵民族主义情绪以争取其在国际上应有的地位；而这种做法可能会导致另外一场世界大战的爆发"。《大西洋月刊》资深记者罗伯特·卡普兰强调，美中两国军队在太平洋上的对峙将是21世纪的国际政治特点。普林斯顿大学教授阿隆·弗里德伯格认为，即使中美两国的宏观战略目标都是防御性的，但是任何一方为确保自身目标的实现而采取的措施都可能会引起对方的警觉，结果导致对方采取反制措施加以回应。他在2011年出版的《争夺主导地位：中国、美国和亚洲的主导权之争》一书中写道："当今中美两国在亚洲和世界各地正陷入一场静悄悄的但不断紧张的权力和影响力之争。"弗里德伯格主张"美国应该和地区盟友和伙伴一起合作，保持足够的军事优势，威慑中国"。

强调崛起大国同守成大国的对抗难以避免的学者，将历史追溯到距今2400多年的古希腊。古希腊著名历史学家修昔底德在《伯罗奔尼撒战争史》中阐述了战争的起源，指出伯罗奔尼撒战争之所以不可避免，根本原因在于雅典实力的上升以及由此在斯巴达人心中引起的恐惧。因此，斯巴达和其他希腊城邦不得不采取措施，制衡雅典帝国，两国终于兵戎相见。已故纽约城市学院政治学教授约翰·赫兹使用"安全困境"的概念，揭示了修昔底德所揭示的现象背后深层次的原因。赫兹认为："在无政府状态下，国家之间缺乏信任，互相惧怕，安全成为首要目标；为确保自身安全，（国家）被迫攫取更多的权力，以避免受到他国权力的冲击，这又反过来加剧了其他国家的恐惧，并迫使后者做最坏的打算。在一个充满竞争的无政府体系中，没有任何国家能够感到绝对安全，因此，权力角逐的恶性循环难以避免。"

在中国的舆论界和学术界，持中美必然发生冲突、对抗甚至战争的论者也不在少数。一个典型的论点是，中国已经是世界上国力仅次于美国的"老二"。一些人认为，"实现中华民族伟大复兴"的含义，当然是取代美国而成为世界的"老大"；但作为世界霸权国的美国，是绝不会和平地放弃其"老大"地位的，一定会竭力用经济、政治、军事手段遏制中国崛起，防止中国的国力超过美国。还有人强调，中国被美国视为在政治制度和价值观方面的"异类"，更加深了两国之间的互不信任和矛盾的对抗性。上文所引述的部分美国人关于美中对抗不可避免的观点，恰好印证了这些中国人的看法。

当前中美关系的特殊性

认定中美关系必将重蹈大国争霸覆辙的观点，忽略了当前中美关系同历史上的崛起大国和守成大国关系的重要区别。首先，当今我们所处的全球化时代，同19世纪后半叶欧洲殖民扩张、20世纪上半叶列强争锋、冷战期间美苏争霸的历史时期都不可相提并论。当今世界的国际力量格局迈向相对均衡，大国关系趋于稳定，非传统安全问题愈加突出，各国面临的共同挑战日益增多，国家间相互依存逐步加深，求和平、谋发展、盼稳定、促合作是时代的主旋律。

在这种环境下，中美对抗的"零和游戏"不但会损及各自的长远利益，而且会损害同中美两国保持合作关系的所有国家的利益。某些国家试图利用中美矛盾，通过向美国靠拢达到自己的短期目标。但即使美国有意结成类似于冷战时期反苏阵营那样的反华同盟，它也不具备做到这一点的条件和能力。中国是亚太地区绝大部分重要经济体的主要的、无可替代的贸易伙伴。这些国家和地区都明白，参加反华同盟、同中国交恶，不符合它们的长远利益。中国则既没有在国际上结成反美统一战线的主观意图，亦不具备这种客观条件。历史上的大国角逐一般都伴随着国家间的联盟和反联盟。如果对抗性联盟无法建立，中美之间即使发生局部冲突，也难以引发大规模国际战争。

此外，正如美国的知名中国问题专家戴维·兰普顿所说，中国融入国际机制、参与地区和全球事务，有利于增加美中两国接触和交流的机会，减少双方之间的误解；中国逐渐意识到，维护现存国际体系符合中国国家利益。只要现存的国际体系和规则对中美两国都基本有利，中美之间发生冲突的可能性就会大幅度降低。简言之，当今的全球趋势和国际格局，都使中美对抗成为一个不合时宜的选项。

其次，中美两国在经济和社会发展方面的相互依存程度，也远远超过历史上相互争霸的国家。正如中国驻美大使张业遂2012年10月所指出的，中美两国正在发展成为"利益共同体"。2011年的中美贸易额达到4467亿美元（美方统计的数字为5030亿美元），中美互为第二大贸易伙伴。中国已成为美国出口增长最快的市场，也是美国实施"出口倍增"计划的重要海外市场。美国则仍是中国外资最大的来源地之一。中国购买了近1.2万亿美元的美国国债，有助于美国利率保持较低水平。

美国兰德公司的四位学者在2011年10月发表了题为《与中国冲突：可能性、后果及威慑战略》的文章，探讨了经济相互依存对于促进中美合作、抑制潜在冲突的作用。文章说："我们认为，中美在任何情况下都不可能爆发军事冲突。"作者指出，由于中美两国经济依存度非常高，两国经济同世界经济的联系也史无前例，所以，即使不考虑核战争的危险，即使双方都刻意避免使用经济武器，同中国发生军事冲突也将肯定会严重损害甚至摧毁美国经济。因此，从某种意义上来看，中美经济相互依存事实上有助于抑制双方的军事冲突。这是一个有见地的看法。中美这两个世界最大的经济体之间不论是爆发军事冲突还是打贸易战、货币战，最终结果都是两败俱伤。

最后，中美两国都将发展重点放在自己的国内，相互对抗只能妨碍各自国内的优先考虑和中心任务。中国同历史上的德国、日本、苏联根本不同的一点，是中国不寻求扩张领土和"生存空间"，也不输出自己的意识形态和社会制度。美国战略家基辛格指出，将崛起的中国视为20世纪的德意志帝国是错误的。他说："军事帝国主义向来就不是中国的风格。"美国资深外交家傅立民也认为："中国不同于德国、日本、苏联，甚至不同于美国，因为中国不会追求类似二战前法西斯德国提出的所谓'生存空间'，也不会追求（类似美国提出的）'天定命运'；中国不向海外输出意识形态。"中国的对外战略，从根本上来说是立足于国内发展目标的。中国战略家、理论家郑必坚明确指出："要在经济全球化条件下，在努力搞好自身力量建设包括国防建设的基础上，走和平崛起的发展道路，全方位地同世界一切相关国家和地区发展'利益汇合点'，构建不同内容、不同层次的'利益共同体'。"这就是中国对外战略的基本出发点。

当今美国对华政策同冷战时期对苏联军事上遏制、经济上封锁、意识形态上对抗的政策有着相当大的区别。美国对华政策包含着合作与防范两个方面，而不是全面遏制。奥巴马等美国领导人多次表示，美国不寻求遏制中国，美国"欢迎一个强大、繁荣、成功、在国际事务中发挥更大作用的中国"。此言当然有待兑现，但一个强大繁荣的中国符合美国的发展需要和长远利益，的确是事实。

构建中美新型大国关系的路径

我们还可以举出更多的事实和道理，从理论上批驳"国强必霸""中美必战"的观点。但是，决不能忽视可能导致中美对抗的思想因素和物质因素。再缜密的理论、再美好的原则、再庄严的承诺、再频繁的对话，也无法代替实际行动。如果不能通过实际行动和政策调整来弥补中美战略互信的赤字，建立防止冲突的有效机制，中美对抗的危险就会继续存在甚至增加，新型大国关系就难以建立和巩固。

作为学者，我们无力为中美两国政府提出具体而可操作的政策建议和行动方案。但是我们认为，中美两国目前可以做出的共同努力，应包括以下几个方面。第一，两国政府应当大力向本国公众和世界公众明确说明中美合作的价值和冲突的危害，显示构建新型大国关系的信心。两国国内的舆论多元化固然无法回避和改变，但政策主流应当去引导舆论，而不是任凭短视而不负责任的舆论去批评甚至影响基于长远利益的正确决策。第二，两国政府应当改善各自国内的政策协调机制，并在两国的国家安全部门特别是国防部门之间，改善危机预防和危机管理机制，在海上安全、航空安全、太空安全、网络安全方面健全互动规则和各自的法规。第三，尽快启动中美自由贸易协定谈判，同时加快中美双边投资协定的谈判进程，争取早日取得实质性进展。两国政府应采取切实行动，扫除中美扩大经贸合作的政治障碍，推进国内改革，扩大经济利益汇合点。第四，在维护阿富汗、巴基斯坦国内稳定等广泛的国际安全问题上进行实质性合作，显示双方在安全领域同样可以扩大利益汇合点。第五，两国政府应当支持各自的重点智库，就中美发展新型大国关系的议题进行长期的合作研究，提出更多的实质性建议，谋求更大的战略共识。

访谈王缉思：中国作为一流大国，应该获得更多的尊重

加藤洋一

问：中美"战略互疑"真的日趋严重吗？

答：自从我和李侃如在今年3月发表联合报告以来，我没有看到这种气氛有何缓解。当我们写报告的时候，我们都为两国长期的竞争前景感到不安。我们也看到两国间存在一些敌对的态度。作为学者和分析家，我们觉得有责任指出中美存在战略互疑，并尽可能找到减少这种互疑的办法。但不幸的是，这种互疑在两国都有加强，并日趋严重。

举例来说，在过去的几个月，许多中国评论员认为：美国正在利用中国与日本、菲律宾及越南的领土争端问题，问题的本质不是中国与邻国的关系，而是中国与美国的关系。他们相信华盛顿正在以中国的利益为代价，推行其战略"再平衡"，设法破坏中国及其邻国之间的关系。他们说："美国才是真正的幕后操作者。"

问：你也这么认为吗？

答：我个人对这种观点持保留意见。我认为：出于明显的地缘政治考虑，美国当然会利用中国与邻国的领土争端问题，但我并不认为美国对所有问题负有全责。如果把账算到美国头上，美国能帮助中国解决与邻国的争端吗？

问：从中方来看，导致这种不信任的根本原因是什么？李侃如认为这是由于中国的历史观造成的，你同意吗？

答：是的，一部分和中国的历史有关。当我还是一个学生的时候，我们就被告知美国是一个邪恶的帝国主义国家。根据我们的教科书，中美近现代史第一件大事就是1899年和1900年美国宣布"门户开放政策"。或许，对于许多西方和日本的历史学家而言，这是一件好事，因为它让中国对外开放。但是我们的理解是：美国与日本及其他西方列强一样贪婪和阴险，它希望不花任何代价，就可以在各列强侵略中国的过程中分得一杯羹。

之后，我们又被告知美国对中国图谋不轨由来已久。美国支持国民党反共以及其发起的国内战争。美国发动了冷战，并对朝鲜战争、越南战争都负有责任。中国的年轻人受到的也是相同的教育。然后，美国在1999年轰炸了中国驻南联盟大使馆，对台出售武器，并试图将西藏、新疆从中国分裂出去，等等。

问：近年来，中美之间实力平衡的变化对这种相互不信任有影响吗？

答：当然。当我们说中国正在崛起时，很多中国观察家认为美国正在衰落。"现在美国是世界第一，中国是世界第二，但是，我们迟早能超越美国成为世界第一。"这也是很多中国人梦寐以求的，进而认为美国现在应更多地考虑中国的利益和抱负，并改变其在国际上的行为。

比如，美国人应该更多地根据中国反对售台武器的要求，做出调整，但事实却刚好相反。所以，很多中国人更加强烈地相信：美国为了确保其世界第一的位置，正千方百计地阻碍中国发展。

问：一些学者，甚至一些普通的中国人认为，中国将不可避免地从专制走向自由民主，尽管还有很长的路要走。你认为这是中国未来发展方向吗？

答：我觉得在一些具有自由主义思想的学者可能会持有这样的预测或者观点，但主流的学者并不接受这种观点。他们坚信：中国正在经历一场有别于西方标准的民主化进程。共产党一党执政也可以有民主和法治。我们称它为"具有中国特色的民主"或者"社会主义民主"，但没人相信它是完美的。

问：如您所述的中国社会及其治理体系能够减少中美互疑吗？

答：如果中国的政治制度基本上保持不变的话，也不意味着中国对美国的不信任会变得更严重。但是美国肯定不喜欢看到这种情况出现，因为如果中国更加成功地维持其经济发展，巩固其政治体系，那么对美国将会造成更大的压力。

问：所以中美之间的问题不是政治体制或意识形态的问题，而是竞争的问题？

答：是的，这是两种政治体制间的竞争问题。有意思的是这种政治体制的竞争是否会转化成地缘政治竞争。我觉得美国会比我们更担心这个问题。

中国更关心的是内部稳定，担心美国颠覆共产党领导的制度。这种不信任是指中国认为美国不想看见中国在共产党的领导下崛起。中国认为自己这种想法完全是防御性的，因为我们在国际上并没有做太多挑战美国权威的事情。中国也不会做。我们不支持朝鲜或者伊朗的核计划，我们反对恐怖主义。中国在全球经济和全球治理中，扮演着积极的角色。

美国的主流观点并不关心中国的国内发展。他们希望中国的政治体系可以转化为民主体系，但是他们没有能力也不愿意去花多少力气去促成这种转化。

美国更关心的是中国在国际上的行为是否会威胁到美国的霸权或者其在国际事务中的领导地位。从这个角度讲，美国也认为自己是防御性的。北京保卫其在中国的领导地位，美国保卫其在全球的领导地位。这是中美关系的本质。

问：但是随着中国国力日趋强大，它最终会不会很自然地威胁到美国的主导地位？

答：我觉得中国的领导人是非常谨慎和冷静的。他们时常提醒自己：中国仍然是一个发展中国家。中国的综合国力要赶上美国还需要几十甚至上百年。北京从不接受"G2"或者中国是世界第二的说法。

所以卷入与美国的地缘政治竞争以及（或者）

危害美国在各地的利益都不会成为中国的战略。北京正千方百计地避免又一次发生冷战。

但以上这些观点和中国公众中普遍流行的看法在一定程度上是相反的。当下中国流行的一个观点是：中国现在已经超越日本成为世界第二大国，不应该再害怕挑战美国。根据这种观点，中国在国际的行为上应该向美国看齐，即利用军事或经济实力迫使其他国家接受中国的正当需求。他们认为北京在对待美国、日本或菲律宾的问题上，太过软弱。他们非常怀念毛泽东时代对外界强硬的外交手段。

问：美国担心中国会威胁其霸权地位的一个原因就是中国在 2009～2010 年的一系列行为，我们称为"一个强硬的中国"。我们应该怎么解读中国当时的一些行为？

答：我的理解是，大多数中国人，特别是政府官员和外交家，都不认为中国当时很强硬；相反，他们认为中国更多是防御性的甚至是消极的，比如"天安"号沉船事件。我们当时甚至现在都不知道这次事件是否是由朝鲜发动的。这也可能是美国和韩国策划的。中国当时持中立态度，并说："我们对此次沉船事件表示遗憾，但是不能轻易地责备朝鲜，因为朝鲜宣布不对此事负责。"

关于中国南海问题，我们并没有派战舰去占领属于我们的领海，但是我们却受到邻国的挑衅。至于钓鱼岛问题，中国也没有挑起这场危机。所以，我们说中国是防御性的。然后，你们突然说："中国过分自信，中国现在更具侵略性。"中国的老百姓就感到特别迷惘不解，并怀疑这些事情都是由美国在操控。

问：您个人怎么看？

答：我现在觉得中国政府对国内民众的意见和感情更加敏感。中国政府被夹在国内和国际舆论之间，左右为难。国际社会认为中国越来越强硬、傲慢，但国内民众却批评政府太消极、太软弱。所以中国政府官方发言越来越强硬，但实际行动却还是非常谨慎。

问：您在报告中说，有人认为，中国已跻身一流大国之列，"中国应该得到与此相配的待遇"。中国到底想要得到什么呢？

答：在国际货币基金组织和世界银行，中国应该有更大的话语权。你们不能简单地将世界分为民主国家和非民主国家，因为中国现在还是一个"非民主国家"，所以在世界上就不应该有一个合法的位置。事实上，因为中国现在已经非常成功，中国应该得到更多尊重。尽管中国还存在很多不足和缺陷，你们也不应该忽视中国。

问：您为什么觉得中国没有得到足够的尊重？

答：在这一问题上，我并非在表达我个人的观点。许多中国人都会对美国说："你们为什么还要会见达赖喇嘛，我们不喜欢他。""为什么你们支持中国的人权活跃分子？""我们不承认台湾独立，你们不能售卖武器给它。""你们媒体对中国国内事件的报道往往将中国描绘成一个负面的形象，好像中国在这个世界上不是一个合法的国家。""你们应该尊重我们的南海主权问题。"如此等等。

现在我们说钓鱼岛是中国的领土。你们不一定要接受这个说法，但你们必须说："我们承认中国有这个立场。"

问：关于"韬光养晦"这种说法还有吗？

答：我觉得这个原则的精髓应该被尊重和遵循，而不是它的字面意思，因为这个词听上去并不是那么积极。你查一下中国字典就知道，韬光养晦可能成为一个贬义词，意思是你隐藏自己的能力和抱负，待有朝一日强大的时候，就会诉诸力量进行报复。

这个原则原本的意思是中国必须要有耐心、谨慎，不要主动挑战西方国家，要专注于国内改革与对外开放，这是邓小平在 1989 年北京政治风波之后，中国处于一种困难及国际上被孤立的特殊时期的内部会议上提出来的。

现在的形势和当时很不一样，韬光养晦这个成语会造成误解，既不符合中国现在的利益，也不能解释中国当下的全部行为。当你说韬光养晦的时候，这只是对美国的一种姿态。那对于日本、印度或者像经济危机或者气候变化这样的其他问题上，提这个词的意义在哪里？

问：似乎美国"重返"亚太地区或者在此地区"再平衡"的政策加重了中国对美国的不信任。我听一位中国人民大学的教授说美国再调整是对中国的战略威胁。

答：我觉得这种说法有一定的道理。再平衡政策的形成一部分原因是担心中国可能会威胁美国在亚太地区的领导地位。

美国确实也做了一些让中国担忧的事情。比如，在澳大利亚设立海军陆战队培训中心，加强与日本的安全关系，甚至试图使其在东亚的双边战略同盟多边化。

但是，我并不认为整个计划都是针对中国的。美国希望加强它与亚洲的经济联系是有非常重要的原因的。我们应该欢迎美国为亚太地区经济更加繁荣扮演积极的角色，也应该在该地区的经济和安全事务领域与美国建立良好的工作关系。

问：但是由于存在"战略互疑"，这种合作可能吗？

答：这就涉及一个核心问题：中国是否能成功转型成一个经济可持续发展且政治安定的国家。如果中国不能推行足够的政治和经济改革，那么未来就很难保证光明的发展前景。

问：现在的政权不稳定吗？

答：看看当下中国发生的一些事情。薄熙来案件就是一个例子。我们可以看到中国民众对政府工作是不完全信任的，也存在很多社会动荡因素。在我们自诩为世界一流大国以前，这些问题都需要认真对待。

问：最后，关于钓鱼岛问题。这个中日目前面临的最严重的问题，您认为我们应该怎么做？

答：首先要冷静。钓鱼岛问题不是一个轻易能解决的问题。对于在我有生之年解决这个问题，我并不抱特别希望。亚洲人的智慧在于：不能解决的问题就先搁置、谈判，保持各自的立场，转而做其他重要的事情。现阶段在中国这样说，在政治上大概是不正确的，在日本恐怕也是如此。但我们应该克服眼下的这些障碍，将精力集中在有益于两国长远利益的其他重要事项上。

（原载《朝日新闻》2012 年 10 月 5 日；
原文为英文，由熊小丽翻译，王缉思审校）

访谈李侃如：中美战略互疑是一个重要问题

加藤洋一

问：您谈到的"战略互疑"指的是什么？

答：总的来说，中美关系相对比较成功。我们很清楚如何在重大事务中打交道，因此能够防止在某领域出现不同意见而导致整个双边关系紧张。

虽然这样说，但中美30多年的外交关系中，我们双方都没能成功地说服对方相信各自对两国关系的长远发展抱有良好意愿。因此，每一方都不会相信对方在未来的10~15年将采取的行动。这就是我们所定义的"战略互疑"。这种互疑是战略的，不是严格的军事方面的；而是长远的、全面的。

问：这对双边关系有哪些负面的影响呢？

答：战略互疑的问题在于这种心态妨碍双方采取主动逐渐建立起更广泛的信任。因此，例如在军事方面，我们不仅制定涵盖广泛的军事政策，使中国可以参与其中，同时我们也加强防范。我们已经看到防范已经逐渐成为主流政策的倾向。因此，这种状况很可能使双方付出巨大代价。

问：您在报告中警告说，互疑问题已经变得更为严重。是什么让您这样认为呢？

答：自2008年（雷曼公司倒闭，全球金融和经济危机爆发）以来，中国在世界上的足迹变得更为广阔，相对而言，一方面是因为中国比以前做得更多，另一方面是因为发达工业大国的实力正在减弱。

2010年，这种状况至少在美国形成了一种看法，即认为中国开始以强硬的态度做事，美国人因此对未来有点儿不确定了。我想，从那之后，我们已经看到在中国出现了激烈的讨论，争论中国的角色以及发展应该是什么，等等。

但是，这个关于中美两国在双边、地区以及全球意义上相对地位和责任的问题的提出方式，并不像2008年那么紧迫。我觉得我们对彼此给出的最终答案都不太满意，这也加剧了不确定性和不信任。

问：美国人为何不信任中国人？

答：一些不信任来源于两国体制本质上的巨大差异，因此很难理解对方真实意图是什么。部分不信任是因为美国人倾向于不信任任何专政的政治体系，他们对共产党执政的专政政府就更不信任。由于历史原因和政体差异，美国人就是这样看问题的。

问：这是美国对中国政策的底线吗？

答：我认为美方的底线是：尽管有各种担忧，美国觉得与中国建立正和博弈关系是可能和可取的。我们绝对接受一个从长远来看不断崛起的中国。没有人说过美国能够阻止中国的崛起。我们需要一个富强和安全的中国，希望它能够在国际舞台上起到建设性的作用。这是美国的底线。但是，中国却不这么看。

问：那么问题在中国这一方？

答：让人扫兴的事情是，我们从中国内部和公开的辩论中看到，中国的决策者在看待长远关系方面更倾向于认为中美关系是零和博弈关系。短期看来，双方寻求合作。但是，长远来看，中方一个具有影响力的论述是，美国作为世界上最强大的国家将会寻求或减缓或阻挠中国的崛起，因此，如果中国想要实现其合理的夙愿，实现富强并成为世界上的主要大国，它必将削弱美国的实力和地位。

问：美国会对此做出什么反应呢？

答：总的来说，美国乐于看到两国关系积极合作发展。但是，我们也不会躲到一旁看着中国为了实现国家崛起而损害美国利益。因此，紧张的状态就出来了。我觉得这是一个真正的问题。

问：我经常听到中国官员和学者说："我们不认为这是一个零和博弈。"这几乎像是个漂亮说法。

答：这是官方的说法。但是，私下里你听到的不是这个词。

问：他们也常常用"双赢"这个词。

答：是啊，他们已经学会用这个词了。

问：您觉得为什么中国人认为美国会试图阻碍中国的崛起？

答：我觉得原因很多。第一，历史因素。中国近现代史，即过去100多年的历史，给了中国一个教训：外面的世界是一个非常残酷和险恶的地方，因此你不应该相信任何其他人的善意。

第二，中国人觉得任何霸权国家都不会放弃霸权的地位。我感觉如果他们自己成为世界霸权国家，如果他们看到其他国家正在崛起强大，他们也不会放弃自己的霸权地位。因此，他们很难相信美国人会有不同的行为。

第三，他们看到不同的美国人，有些是身居高位者，发表的言论正好符合他们的想法和思路，因此很自然会假定中美之间必将走向对立。我觉得大多数对立的言论来自于国会山。我觉得很少有中国人会理解国会在美国内政和外交中的作用。

因此，有这样的倾向，一旦国会要人说了些话，中国人会觉得，好像这些就是白宫的观点。

第四，中国已经不再是一个非常意识形态化的地方了。但是，我确实相信中国人有这样的感受，即美国作为主要的民主国家对中国的治理体制构成了生存威胁。当然，美国在任何时候都是在宣扬和推进一种全球民主。

这就是美国人。但是，中国觉得美国推进的全球民主就是针对中国，虽然这不是事实。其实，美国的推进民主更多针对的是较小的国家。

问：尽管您解释了那么多问题，您仍然把目前的中美关系定义为"良好和有效的"，为什么？

答：是啊，这正反映了过去 30 多年精心经营建立了非常高效的关系。美国内阁机构各个部门几乎每星期都与中国的相关部门打交道。不仅包括正常的外交部门，例如国务院，国防部等。两国之间交往甚密，比如从能源部门、卫生服务部门，到住房和城市发展部，凡是能想到的部门都有交流。具有象征意义的是两国政府现在每年要举行60多场正式对话会议。

我觉得现在双方都清楚地意识到求同存异的价值。例如，如果我们宣布又出现了一次对台军售的新机会，中国典型的反应将严格限定在两军关系中。它不会波及更广阔的经贸或外交领域，至多会以例行公事的方式做出一些最表面、最形式化的举动。

问：但是，为什么两国就不能把这种好局面延续到未来呢？

答：有几个原因。第一，我们已经到了历史的节点：中国在世界中的作用正在发生非常巨大的变化，但是未来发展不明确；另外美国目前面临着的一个问题，即对于美国在世界中的作用会改变多少，我们也不明确。

因此，双方都清楚对方如何行动将具有重大影响，而且未来是不确定的。

另外，两国都是大国。每个国家的面积都接近一个大陆那么大。它们是世界上最大的两个经济体。但两国有着非常非常不同的政治、文化与现代历史历程。坦率地说，我们应该看到两国关系中的冲突有多么少，而不是多么多，这很重要。

问：有些人建议美国与中国"分享权力"，以此作为管理未来关系的方法。为什么美国一定要维持其领导作用呢？

答：我觉得，基于过去的经验，美国确实觉得：

第一，没有一个国家对承接美国掌控多年的领导责任做好了准备，包括中国。

如果你看到中国出版的白皮书等文件，中国说法是——中国的行动也证明如此——中国是发展中国家，中国的首要目标是到 2020 年成为中产阶级的社会，也就是他们所说的"小康社会"，为了履行对国际社会的重要责任，中国为国际社会提供集体物品将分散其实现核心目标的资源，因此是错误的。

所以，中国并没有向它们正在建议的那样，承担地区或者全球领导角色；它们并没有这么做。以我们的经验，美国必须填补这个领导力量的空隙，这一点不仅仅是美国政府的官员，而且美国政界大多数人都是这样认为的。

2011 年日本发生海啸和核灾难，几年前印度尼西亚及其附近领域发生海啸时，我们都是这样做的。这恰恰是美国做的事情。我们的感觉是，如果我们真的放任不管，那么许多坏的结果会接踵而至，不仅对美国有影响，对世界也有影响，很多冲突将会变得更为严重。世界贸易等的前景将会变得更为紧迫。

我们在充当领导者的时候很显然会获得一些利益，但是我们也付出了代价的。这些都是需要花钱的。安全是很昂贵的。你们可以说，我们目前越来越多地卷入了东亚地区的安全问题，而中国是参与到了经济领域。因此，整个东亚地区对中国来说是利润中心，对美国来说是成本中心。

问：减少互疑、建立战略互信的方法是什么？

答：我觉得互疑的实质有关长期发展。很明显，我们从来没有使用传统词汇之外的其他词汇与对方探讨长期发展的问题。我们将会讨论我们共同的愿望，建立一个"建设性的战略伙伴关系"，但是，具体指什么也是不明确的。

我们有中国人喜爱的标语式表达方式。问题是，我们从来没有研究过细节。如果没有与重要人物详细讨论长期关系的问题，那么想建立对两国关系长期发展的信心是非常困难的。

拿朝鲜半岛的情况举例说明。我的观点是在今后的 10 年中，朝鲜半岛会出现各种状况的可能性都有。这些状况包括，例如，无论有没有核武器，朝鲜都发生中国式改革；朝鲜继续核计划，并且基本沿袭旧制保持对抗；朝鲜崩溃，后陷入暴力和混乱的状态，把美国、韩国和中国都卷入其中；朝鲜半岛实现统一，从根本上说，是韩国占领朝鲜。

我觉得所有的人都会觉得在未来的 10 年中，这些可能性都会有。但是，我们从来没有与中国讨论过这些事情。没有这些讨论，那么双方很难相信对方对朝鲜半岛的目的是什么。我们虽然都认同不希望朝鲜拥有核武器，但除此之外，就没有明确的说法了。

问：那么在这种讨论中，你们怎样让中国参与进来呢？

答：第一个问题是让他们参与讨论。这不是说让他们同意我们的分析或优先项。我想说的是要求他们理解对方的分析和优先项，同时明确自己的想法。我没有幻想我们能够说服中方像美方一样思考问题。这不是一个真实的世界。

问：**看来您认为中国不可能在不久的将来某一时刻会成为一个自由民主国家？**

答：我的经验告诉我：对于历史，绝不要说"绝不"。我的经验也告诉我，中国向有意义的民主转型将会是一个漫长而曲折的过程。我说的"有意义"是以西方的定义为标准。中国公民社会的发展模式很难支撑民主进程的推进，中国的政治制度与现代法治国家尚有较大差距。中国面积庞大，让这样一个大国做出转变是很难的。

问：**我觉得日本对中国也有"战略不信任"。最近的钓鱼岛问题就是一个例子。日本该如何处理此事呢？**

答：我不是特别清楚。领土争端是很难解决的。历史说明此事有多难解决，因为这事关认同问题。特别是，领土的争论是集中在一片备受关注的地域上，而不是边缘地区。有人认为，与该地域所有权相连的是有可能在该地区发现大量财富。美国不是此局中人，因而不持立场。

问：**东京非常急迫地希望推进日—美—中三边对话。您是否认为此三边机制会有利于缓解中美以及／或日中之间的互疑？**

答：美国现在参加与亚洲地区友邦或盟国进行的各种小多边对话，包括与印度、日本、澳大利亚或其他国家的不同组合。但是，由三到四个国家构成的多边对话中都没有包括中国，因此会加强亚洲分化的趋向。

为了减少亚洲地区的不信任，应该在讨论关键问题时，邀请中国参与其中一个或几个三边官方对话。在这一点上，美—日—中的三边对话或许能够有助增加共识，减少紧张，增强互信。

（原载《朝日新闻》2012 年 10 月 5 日；
原文为英文，由周宇翻译，王缉思审校）

王缉思：中美应"共同进化"

马国川

"如果中美两国都坚持走各自认定的正确发展道路，那就能够避免可能的战略对抗，实现'殊途同归'，而不是'分道扬镳'，"在接受《财经》记者专访时，北京大学国际战略研究院院长王缉思如是说。

去年6月，习近平与奥巴马在美国加州安纳伯格庄园举行会晤，畅谈构建"中美新型大国关系"。整整一年过去，中美关系进展并不顺利。特别是最近一段时间，中美摩擦不断，更为两国关系的发展前景蒙上一层阴影。

与"中美新型大国关系"在博弈、较量中艰难前行不同，中国与俄罗斯关系在迅速升温。前不久，中俄签署了总价值达4000亿美元的天然气供应协议，而后两国海军又联合举行东海军事演习。中俄准同盟关系似乎隐然成型。

中国新一轮改革正在逐步展开，复杂多变的国际形势引起不少人士的忧虑。他们担心，一旦中美走向对抗，不但会对国际形势形成巨大冲击，也会影响中国全面改革的进程。

王缉思对此表示乐观，"在当今国际环境和两国国内环境下，双方发生严重军事冲突并引发大规模战争的危险，虽不能完全排除，至少可以说是微小的。"

作为著名的国际问题专家，王缉思曾长期担任北京大学国际关系学院院长职务。去年10月份，他出任新成立的北京大学国际战略研究院首任院长，前国务委员戴秉国担任该研究院名誉院长。

王缉思认为，决定中美关系的首要因素，是两国各自的发展方向、发展道路和发展战略。两国应当"共同进化"，"各自建设富强、民主、文明、和谐的国家，并行发展且相得益彰"。

"大国外交的精髓在于准确审视和充分利用国际力量的平衡，使之向有利于本国的方向倾斜。"王缉思说，"走出构建中美新型大国关系之路的关键，是理解两国对未来关系的不同思路和期待，找到利益汇合点，避免利益碰撞点。"

减少摩擦　"共同进化"

《财经》：中美关系无疑是当今世界最重要也极具不确定性的关系。随着中美摩擦不断，中俄关系迅速升温，目前国内外不少人士担心，中美关系可能发生重大改变，甚至走向对抗。您是否同意这种看法？

王缉思：我不认同这种观点。中美两国政府处理双边关系的原则、政策和方式固然重要，但更大的决定性因素是两国各自的发展道路。中美 1970 年代结束对抗，改善关系，最初动因是面临共同的安全威胁。冷战结束，这一共同威胁消失了，中国为什么仍然坚持稳定并改善对美关系的原则呢？我认为，最根本的原因是中国 30 多年前即否定了"以阶级斗争为纲"的国内政治路线，始终坚持以经济建设为中心的改革开放路线，没有动摇。中国在本世纪初提出"坚持和平发展道路"，同改革开放是相辅相成、不可分割的。

观察中国的对外政策包括对美政策有无转变，首先要看中国的改革开放路线有没有动摇。2013 年 11 月召开的中共十八届三中全会，做出了全面深化改革的 60 项决定。贯彻这些决定中国未来命运的改革措施，需要一个良好的国际环境和周边环境，而对美关系的稳定是塑造良好国际环境的关键。

《财经》：也就是说，未来中国对外关系中还会继续坚持"和平与发展"这个主题？

王缉思：是的。不过我们也要看到，"和平与发展"的内容与视角正在发生深刻的变化。在国际格局和大国关系基本稳定的今天，中国对"和平"的关注点越来越多地同局部冲突、海上安全、恐怖主义、分裂主义相联系，同中国的海外利益相联系。

东海、南海的岛屿归属问题和海洋权益问题近年来凸显，有时甚至激化，但是不可能使中国的和平发展道路发生逆转。把这些问题放在国内国际两个大局和中国发展的历史长河中考察，不难发现其局部性和时限性。回顾过去，1962 年中印边境战争、1969 年中苏珍宝岛冲突、1979 年中越边境战争等，其表面和直接的原因是边界纠纷，而实质问题是当年的政治大背景。随着国内和国际政治氛围的转变，过去这些边界纠纷都已逐渐淡出人们的记忆和视野。只要坚持中国前进道路的正确方向，中国就能有效地维护自己的海洋权益，今天的海疆问题也不会引发中国同美国或邻国的严重战略对抗和军事冲突。

《财经》：改革开放以来，中国的经济发展成就举世瞩目，GDP 总量不断增强。不少经济学家预测中国经济总量将在 2020 年超过美国。中国的发展已经到了一个新阶段，中国的外交政策是否随之改变？

王缉思：中国国力增长是不争的事实，随之而来的是在国际上信心的增强。中国的传统政治体制、治国理念，当前的国内社会环境和心态，经济增长趋缓的压力，以及暴恐活动的增加，都产生了进一步加强政府管治和干预的冲动。俄罗斯总统弗拉基米尔·普京成为最受中国公众推崇的外国领导人，绝非出于偶然的个人因素——中国开始向往"强人政治"和铁腕外交。

在国际上，中国成长为世界第二大经济体，军事实力也明显增强，在某些方面好像已经可以傲视周边甚至美国，如果还继续奉行"韬光养晦"的战略，于情于理都说不通了。这样看，中国外交战略做出重大调整，似乎势在必行。调整的方向，可能是在外部压力面前不服软，不轻易妥协退让，甚至有时需要"展示肌肉"，主动出击。

　　另一方面，中国改革和发展的任务远未完成。过去，中国的发展任务主要关注的是摆脱贫困落后，推动国内生产总值的增长；今后，中国的发展任务转向转变经济增长方式、注重经济质量、实现可持续发展和社会平衡发展，推进国家治理体系和治理能力现代化。金融、贸易、能源、气候变化、网络安全、公共卫生等问题，把中国的内政同外交日益紧密地联结在一起。

　　内外形势的这些变化，把中国对外关系推到一个十字路口。是做重大调整，还是坚持原定方向而做微调，是一个很大的难题。做重大调整，奉行过去 30 多年来没有过的"强势外交"，势必消耗过多的内外资源，付出相当的代价。中国社会准备好付出这些代价了吗？钟摆可能摆去又摆回，不确定因素很多。

　　《财经》：一些美国战略家对中国的发展壮大充满担忧与质疑，他们认为应该对中国采取遏制战略，不能让中国成为重要的大国。这些观点在国内激起了强烈的不满，成为一些人士要求以强硬态度对待美国的借口。

　　王缉思：在美国战略家中，要求遏制中国的声音是少数。喜欢用"遏制"这个词来描述美国政策的，好像还是中国人。美国对外关系委员会主席理查德·哈斯（Richard Haass）2013 年出版了一本新书，题目是《外交政策始于国内》，强调美国外交必须立足于国内的经济复苏与发展。

　　哈斯说，今天的美国如不强化基础设施建设、提高教育水平、调整过时的移民政策、清理债务，就无法保障国家安全，提高国际竞争力，加强全球影响力。当今的全球政治权力对美国来说是相对宽松的，不存在对美国构成直接威胁的大国对抗，所以美国正处在休养生息、苦练内功的时代。我相信，这代表了相当一部分美国战略家的观点。

的确，21 世纪初美国发动的阿富汗战争、伊拉克战争，2008 年发生的金融危机，都削弱了美国的实力，影响到国计民生。2008 年美国大选期间，许多美国选民认为整个国家"正走在错误的方向上"。在 2013 年开始的奥巴马第二任期，美国的"内向"趋势更加明显，需要优先处理的国内问题很多，激烈的两党争斗亟须缓解，因此在对外关系中采取了更为谨慎的战略，不轻易进行海外军事干涉。比如克里米亚被俄罗斯吞并后，美国对俄罗斯口诛笔伐，经济制裁，但在军事上仍按兵不动。同时，奥巴马政府强调"巧实力"，优先处理对外经贸关系和公共外交、气候变化、网络安全等一系列非传统安全问题。我把它的这种战略戏称为"美国特色的韬光养晦"。

我认为，部分美国人对中国有担忧和疑虑，而另一些美国人是故意用夸大中国"威胁"的言词来"拱火"，想"一箭三雕"：一是挑拨中国和邻国的关系，二是增加美国军事力量和军费，三是拱起中国的激烈反应，火中取栗。越是在这个时候，我们越需要冷静。

《财经》：怎么理解所谓美国朝向亚太地区的"再平衡"和"转身"一说呢？

王缉思：美国在东亚的举动，固然有其在安全方面牵制中国的企图，但也表现了美国对中国和亚太地区经济发展的日益重视和参与其中的积极性，如果把经济因素考虑进去，就不必对"再平衡"做出完全负面的解读。中美在亚太地区肯定存在竞争关系，问题是能否做到良性竞争，避免零和格局。

我认为，决定中美关系的首要因素，是两国各自的发展方向、发展道路和发展战略。两国应当"共同进化"。如果中美两国都坚持走各自认定的正确发展道路，那就能够避免可能的战略对抗，实现"殊途同归"，而不是"分道扬镳"。

这里的"同归"，并不是指两国的发展道路日益相似、接近，而是各自建设富强、民主、文明、和谐的国家，并行发展且相得益彰。基辛格在《论中国》一书中写道，美中之间不应该是零和关系，两者之间应该建立的与其说是伙伴关系，不如说是"共同进化"（co - evolution）的关系。"这意味着两国都注重国内必须做的事情，在可能的领域开展合作，调整关系，减少冲突。"这正是我所说的"殊途同归"。

构建中美新型大国关系的核心问题

《财经》：一年前，习近平主席在加州"庄园会"上向奥巴马总统提出这样一个问题：我们需要一个什么样的中美关系？两国最高领导人虽然面对面做出明确回答，都希望避免对抗，要"构建中美新型大国关系"，但是其核心到底是什么，似乎没有共识，这

是不是"构建中美新型大国关系"进展缓慢的一大障碍？

王缉思：在我看来，构建中美新型大国关系的核心问题，是"两个秩序"问题，即中国要维护的国内秩序，以及美国所倡导并维护的全球秩序。

2010年12月，时任国务委员的戴秉国先生发表了一篇引起很大国际反响的文章，其中说道："什么是我们的核心利益？我个人理解，一是中国的国体、政体和政治稳定，即共产党的领导、社会主义制度、中国特色社会主义道路；二是中国的主权安全、领土完整、国家统一；三是中国经济社会可持续发展的基本保障。这些利益是不容侵犯和破坏的。"2011年中国发表的和平发展白皮书，也把"中国宪法确立的国家政治制度和社会大局稳定"纳入坚定维护的国家核心利益范畴之中。按照我的理解，中方在对美关系中一贯强调的"相互尊重"原则，首先是要求美方尊重中国的国体和政体，即共产党在国内的领导地位及政治秩序。

中美关系中涉及中国核心利益的主要敏感问题，包括台湾、涉藏、涉疆、人权等，都可以联系到"国体和政体"上去。中国对国际问题的看法和政策，也主要是从维护国内的长治久安出发的，对美政策尤其如此。

反观美国对"新型大国关系"的界定和期待，都关系到它的全球"领导地位"和它所维护的现存国际政治经济秩序。在谈到构建新型大国关系的时候，美方总是表示，希望中方一是在朝核、伊核等美方视为重大利益的国际安全问题上同美方合作，二是在金融稳定（其中关键的是美元的主导地位）、气候变化等全球治理问题上照顾美方的关切。美国人担心的主要问题，是中国以其正在形成的巨大实力和世界影响，造成对美国地位及其倡导的国际秩序的挑战。这就是美国把主要关切聚焦到"崛起大国同守成大国避免对抗"（即避免陷入"修昔底德陷阱"，Thucydides Trap）问题上的原因。

《财经》：你认为美国应当尊重中国的国内秩序，而中国则不需要从根本上挑战现存国际政治经济秩序？

王缉思：对。美国尊重并从主观上不挑战中国的基本政治制度和国内秩序，才能说服中国尊重并不挑战美国的世界领先地位和美国倡导的国际秩序。反之亦然。

中国对国际政治经济秩序的看法，从 20 世纪 90 年代的"建立新秩序"，逐渐过渡到当前的"积极推动国际政治经济秩序朝着更加公正合理的方向发展"。这是一个重大的变化，显示出中国融入国际社会的决心和信心。

事实上，中方已经反复向美方说明了对美国世界地位和现存国际秩序的看法，并通过实际行动建设性地参与了全球治理，参与了新形势下国际规则的制定。出于各种原因，包括对中方重大关切的不理解，美国对于中国提出的"相互尊重"原则，一直采取回避的态度，从未明确表明对中国政治制度、国内秩序、发展道路的尊重，而只是强调利益交汇点，要求中方在美方关切的重大国际问题上配合行动。

《财经》：从积极角度看，当然应该致力于构建"中美新型大国关系"，但是在中美两国对"构建中美新型大国关系"缺乏共识的时候，尤其是在国际局势风云变幻的今天，如何避免中美冲突就是一个紧迫的现实问题了。

王缉思：确实需要预防中美之间的冲突。不过，中美两国的一些战略家把避免两国的冲突对抗简单理解为避免战争，我认为不够全面。事实上，在当今国际环境和两国国内环境下，双方发生严重军事冲突并引发大规模战争的危险，虽不能完全排除，至少可以说是微小的。为把这种危险减小到最低限度，双方应当加强军事交流，建立可靠的危机预警机制和危机管控机制。

更加令人担心的是中美之间的"新型冲突"与"新型对抗"的危险。"新型冲突"包括网络战、太空战、货币战、贸易战等可能造成两败俱伤的"无硝烟战争"；"新型对抗"，指的是有形或无形的针对对方的国际联盟、反联盟和"势力范围"，耗费巨大的军备竞赛（包括建设以对方为主要打击目标的"网军"）等。应当通过战略对话和有效机制，对这类恶性竞争加以约束。在媒体和外交场合的"口水战"难以避免，但官方高层还应当以礼相待，尽量不说伤害感情的话。

《财经》：随着中国在国际舞台上的话语权不断增强，大国关系也越来越复杂，中国应该如何施展"大国外交"？

王缉思：大国外交的精髓，在于准确审视和利用国际力量的平衡，使之向有利于本国的方向倾斜。中国已具备了相当的实力地位，可以主动地在世界大国和地区强国之间"谋势"。应当拉近而非疏远同俄印日美等大国关系的距离，将同它们的关系放在更大的棋局中予以运筹，并分别规划中国对世界各大区域的地区战略，把传统安全、非传统安全、发展问题结合起来，统筹国内国际两个大局，绘制包含地缘政治、地缘经济、地缘技术等因素的"战略地理图景"，构筑"和平发展大战略"。同时，必须保持谦虚谨慎的态度，谨防虚骄之气。

在大国关系中，中美关系至关重要。25 年前，当中美关系出现重大挫折之时，作为中国改革开放的总设计师，邓小平以战略家的眼光指出："中美之间尽管有些纠葛，有这样那样的问题和分歧，但归根到底中美关系是要好起来才行。这是世界和平和稳定的需要。"邓小平的这番话至今仍然具有强烈的现实意义。今天的中美关系，比 25 年前要成熟多了，中国的主动权也大多了，应当能够更好地把握方向。一个良好的中美关系不仅有助于世界和平和稳定，也有助于中国新一轮改革的成功。

（原刊《财经》杂志 2014 年 6 月 16 日）

编　后　记

　　本书曾以《中美战略互疑：解析与应对》为名，于 2013 年 6 月由社会科学文献出版社出版。本次再版，增加了一篇《财经》杂志 2014 年 6 月专访我的稿件《王缉思：中美应"共同进化"》（见第三部分"相关链接"），其余未做改动。

　　本书的主体部分，是我和李侃如教授合写的一份专题研究报告，于 2012 年 3 月由美国布鲁金斯学会正式出版英文版，北京大学国际战略研究中心（现更名为"国际战略研究院"）同时印发刘春梅翻译的中文版。报告发表后，引起了中美两国和一些其他国家的政府官员、政治精英、专家学者以及舆论界的广泛关注和诸多评论。

　　由于本书除了主题报告以外，还包含了一些并非李侃如写作或参与写作的篇章，有的部分他甚至没有读过，因此李侃如提议不要将我们两人并列为本书作者。社会科学文献出版社和我本人接受了这个建议，并再次向李侃如教授的贡献表示敬意。

我和李侃如相识于 1985 年，两人都长期关注中美关系。他的专长是中国政治和外交研究，而我的专长是美国外交研究，同时关注中国对外关系。1990～1991 年，我在美国密歇根大学政治系任访问学者并教课，他那时是密歇根大学政治系教授，相互交流很多。此后我们每年都有多次长谈，对彼此的观点很了解。他后来任克林顿政府负责东亚事务的高官，退任后到布鲁金斯学会做研究工作，我也从中国社会科学院美国研究所调到北京大学国际关系学院，但两人仍然保持密切接触。2010 年秋，我们同时对当时中美关系的滑坡表示深深忧虑，而且感觉到这种趋势并非短期波动，而是一系列长期起作用的因素造成的，其中一个重要因素就是中美两国都在战略上不信任对方。中方认为美国对华政策的底线是遏制中国崛起、西化、分化、渗透、颠覆中国政体；美方怀疑一个由共产党领导的中国在强大起来以后，将力图把美国排挤出亚太地区，挑战美国的全球"领导地位"，破坏美国倡导的国际制度。但是，双方其实都不大了解对方是如何解释自己战略意图的，更不了解对方的"误解"是如何形成的。我们觉得，有必要也有责任将我们多年从事研究工作和参与中美双边交往的个人体验公开地、坦率地写出来，加以理性化，给关心两国关系的人们提供对方的视角，也提出我们关于减少战略互疑的建议，以期为扭转中美关系的倒退趋势贡献微薄的正能量。这便是我们合作撰写这篇报告的初衷。

承蒙秦晓博士与何迪先生的厚爱，2012 年 5～10

月间，先后举办了四次座谈会，邀请熟悉和关心中美关系的专家学者，围绕"中美战略互疑"的主题，分专题就中美政治、经济、军事、外交关系进行了深入探讨。本书第二部分记录了讨论的主要内容。有意思的是，不仅中美两国人士之间在能否及如何建立两国之间的战略互信方面意见不一，即便在中国内部，专家学者对结构互疑也存在很大分歧。例如，王波明先生的看法比较悲观。他认为，在两国不同意识形态的框架下，根本没有可能建立相互之间的信任，甚至还有可能演变成经济领域的不互信；如果地缘政治方面再出现一些摩擦，很有可能导致失控。因此，中美互疑无解。陈兴动先生、吴晓灵女士从中美两国的不同价值取向上分析了导致中美互疑的深刻原因。马俊、张燕生、牛军先生希望借助外部压力，推动中国内部的经济、政治改革。张清敏、张沱生先生指出，中国本身的一些不确定性，是中美互疑的一个重要来源。秦晓先生则从经济、政治、文化价值观三个层面，以及贯穿这三个层面的三个重要因素，探讨了中美战略互疑的原因及特征。他的结论是，中美战略合作具有实质性的基础，但战略互疑则会成为常态，并可能导致对抗；合作还是对抗，在很大程度上取决于双方对自身问题的反思，以及对对方问题的理解；增加合作，减少互疑，是一个次优但现实的选择。

本书的第三部分是作者提供的近年来的研究成果，可以作为读者的扩展阅读，以期待读者能更加深入地了解中美战略互疑的广阔背景和作者的进一步思考。

　　从李侃如和我同时感受到中美关系走势堪忧、立意起草这一主题报告，到撰写这篇编后记，已经历时近四年时间。读者和我都会关心的一个问题是，在这四年时间里，中美战略互疑是加深了，还是减少了？中美对抗的危险上升了，还是下降了？我个人的回答是：情况不大乐观。若干民意调查显示，中美两国在对方社会中的形象近年来更加负面。两国主流媒体关于对方国家战略意图的描绘也偏向阴暗。

　　正因为中美关系中令人担忧的因素增加了，本书再版更显必要。本书作者和编者都坚定地认为，中美关系的稳定，中美合作的扩大，将造福于两国人民。事在人为，我们将继续为此而矢志不渝地努力。

王缉思

2014 年 9 月于燕园

图书在版编目（CIP）数据

释疑：走出中美困局/王缉思主编 . —北京：社会
科学文献出版社，2014.10
ISBN 978 - 7 - 5097 - 6195 - 3

Ⅰ . ①释… Ⅱ . ①王… Ⅲ . ①中美关系 - 研究
Ⅳ. ①D822. 371. 2

中国版本图书馆 CIP 数据核字（2014）第 141818 号

释疑：走出中美困局

主　　编 / 王缉思

出 版 人 / 谢寿光
项目统筹 / 宋荣欣
责任编辑 / 宋荣欣

出　　　版 / 社会科学文献出版社 · 近代史编辑室（010）59367256
　　　　　　　地址：北京市北三环中路甲 29 号院华龙大厦　邮编：100029
　　　　　　　网址：www. ssap. com. cn
发　　　行 / 市场营销中心（010）59367081　　59367090
　　　　　　　读者服务中心（010）59367028
印　　　装 / 北京季蜂印刷有限公司

规　　　格 / 开 本：787mm × 1092mm　1/20
　　　　　　　印 张：10.4　字 数：132 千字
版　　　次 / 2014 年 10 月第 1 版　2014 年 10 月第 1 次印刷
书　　　号 / ISBN 978 - 7 - 5097 - 6195 - 3
定　　　价 / 29. 00 元